Eine Rundreise durch Griechenland

Während der großen Ferien besucht Costa seinen Großvater in Athen. Der hat ein Haus am Rande der Hauptstadt Griechenlands. „Nun bist du alt genug", hat der Großvater in einem Brief nach Deutschland geschrieben. „Ich werde eine Rundfahrt mit dir durch Griechenland machen und dir die antiken Stätten unserer Vorfahren zeigen." Costa, der die 6. Klasse der Kopernikus-Schule in Frankfurt besucht, hat im Geschichtsunterricht schon einiges über die Stadtstaaten in Griechenland vor 2500 Jahren, von den griechischen Göttern, den Olympischen Spielen, den vielen Kriegen der Staaten untereinander und von der Blütezeit Athens gehört.

Nun ist er ganz gespannt und freut sich auf die Rundreise. Sein Großvater aber hat ihm gesagt, dass er nicht zu viel erwarten darf, denn an manchen Stellen kann man nur wenige Reste von Ausgrabungen sehen.

Die Akropolis* des antiken Athens war eine Königsburg. Sie wurde auf einem ca. 150 Meter hohen Kalkfelsen errichtet und ist noch heute das Wahrzeichen der Stadt Athen.

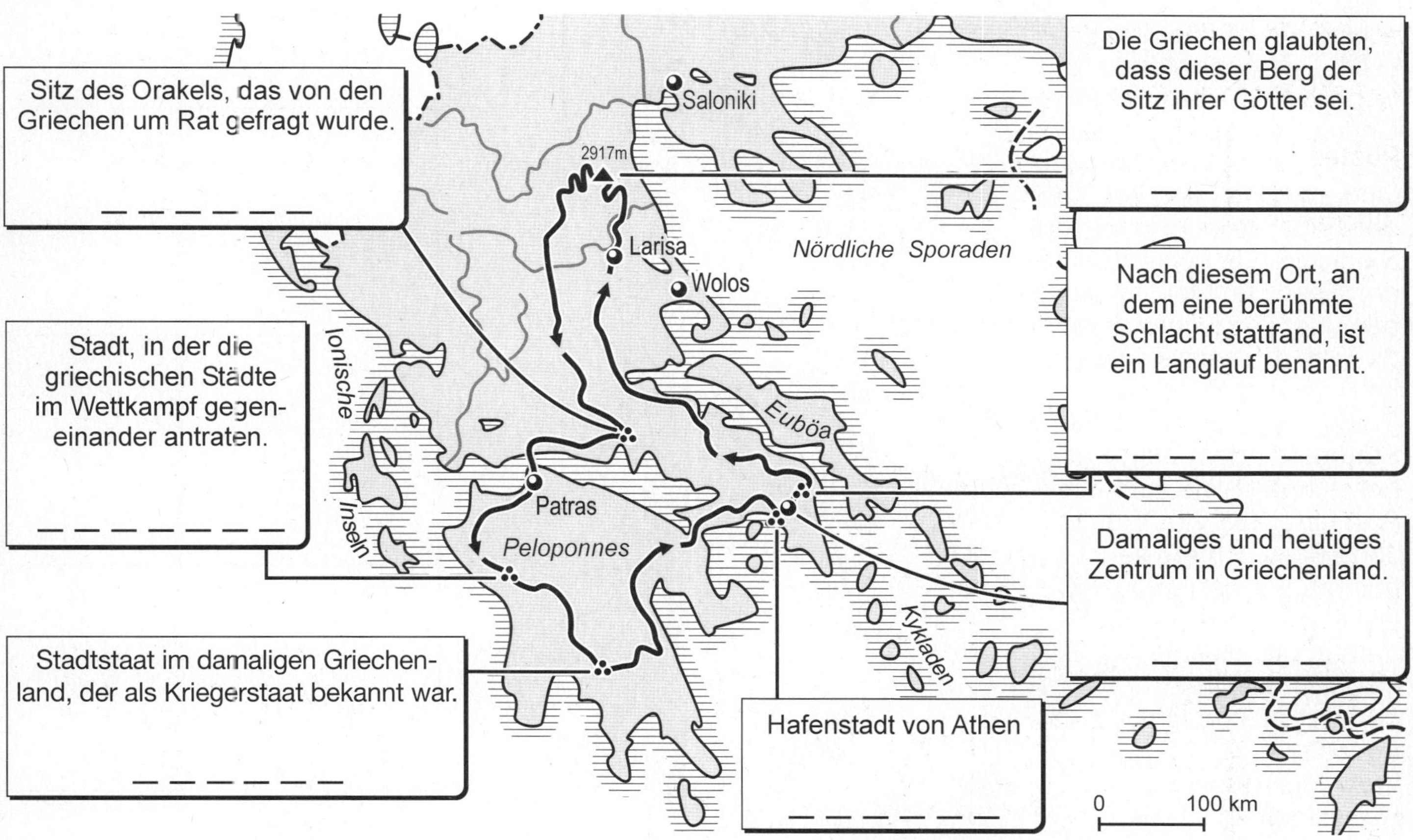

1. Trage die Ortsnamen der Rundreise oben ein.

Auf den folgenden Seiten wirst du auch eine „Rundreise" durch das antike Griechenland machen wie Costa.

Griechische Vokabeln
akros = höchste
polis = Stadt

Die Geschichte Athens im Überblick

Auf dieser Doppelseite findest du eine Zeitleiste einiger geschichtlicher Stationen und Zeiträume des antiken Griechenlands. Dabei steht der damals bedeutendste Stadtstaat Athen im Mittelpunkt. Die obere Leiste zeigt, wie Athen über mehrere Jahrhunderte regiert wurde.

1. Schau dir unten auf der Seite 3 die Vokabelliste (griechisch) an und setze die Fremdwörter für die jeweilige Herrschaftsform (**Demokratie, Oligarchie, Monarchie, Aristokratie**) ein.

Herrschaft von Königen ____________________

Herrschaft des Adels ____________________

Herrschaft der Wenigen ____________________

Herrschaft des Volkes ____________________

Griechen erobern die Stadt Troja um **1200**

Der Beginn der Olympischen Spiele **776**

Der Dichter Homer schreibt die Ilias und die Odyssee **um 700**

2000 v. Chr. — 1300 — 800 — 700 — 600

Volksstämme wandern aus dem Norden ein und gründen Stadtstaaten

Griechische Kolonisation – Bürger aus den „Mutterstaaten" gründen „Tochterstaaten"

Die Besiedlung Griechenlands

Schon im 2. Jahrtausend vor Christus wanderten Völker aus dem Norden nach Griechenland ein. Das Land war sehr gebirgig. Sie errichteten ihre Siedlungen in den Tälern und am Meer. Der Platz für Ackerbau und Viehzucht war durch die Gebirge sehr eingeengt. Im Schutz einer festen Burg (Polis) bauten sie ihre Städte. Mit dem Wort Polis bezeichneten sie auch die Gemeinschaft ihrer Bürger. Jede Polis achtete sehr auf ihre Selbstständigkeit. Die Bürger waren stolz darauf, ihre Geschicke selbst in die Hand nehmen zu können und frei zu sein.
Wenn ein Athener auf Reisen gefragt wurde, woher er denn komme, sagte er nicht: *„Aus Griechenland", sondern: „Ich bin ein Bürger Athens!"*

Die vier Klassen in Athen

_ _ o _ _ _ _ _ _ _ _ _ _

_ _ _ _ _ r _ _ _ _ _ _ _ _ _ _ _

_ _ _ _ _ _ _ _ k _ _

_ _ _ f _ _ _ _ _

_ _ _ _ _ _ _ _ _ B _ _ _ _ _

_ _ _ _ n _ _ a _ _ _ _ _ _ _ _ _

_ _ _ _ r _ _ _ _ _ _ _ _ _

_ _ h _ _ _ _ _ _ _ _ _

2. Die Gesellschaft in Athen war in vier Klassen eingeteilt.
Trage die zugehörigen Gruppen in die Übersicht ein:

OKTOPUS Griechenland. Die Wiege der Demokratie, ISBN 3-623-20715-2

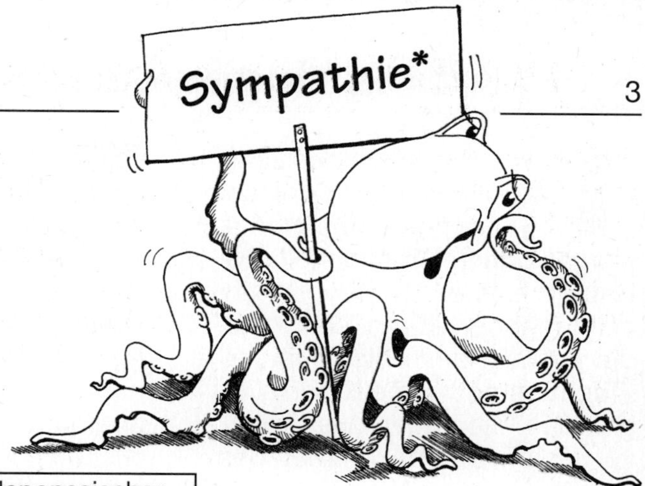

i Übrigens: Wer war freier Bürger von Athen und hatte somit das Recht, an der Demokratie teilzunehmen? Freie Bürger waren alle Männer über 20 Jahre, deren Eltern beide in der Polis Athen geboren waren. Die Frauen, die „Ausländer" und die Sklaven konnten nicht an der Demokratie teilnehmen.

Der Attische Seebund unter der Führung der Seemacht Athen **477–431**

Die „Blütezeit" Athens unter Perikles

Peleponesischer Krieg zwischen Athen und Sparta **431–404**

Der Krieg endet mit der Niederlage Athens

500 — 400 — 160 v. Chr.

Schlacht bei Marathon **490**

Seeschlacht bei Salamis **480**

Die Perser greifen Griechenland an

Die Römer erobern Griechenland **um 160**

Lohnarbeiter, Großkaufleute, Handwerker, mittlere Bauern, Kaufleute, verarmte Bauern, kleine Handwerker, Großgrundbesitzer

i Viele selbstständige Staaten

Das antike Griechenland war kein zusammenhängender Staat wie bei den alten Ägyptern oder Römern. Die Griechen hatten eine gemeinsame Sprache und glaubten an die gleichen Götter. Aber sie lebten in vielen selbstständigen Stadtstaaten. Die bekanntesten waren Athen und Sparta. Ein solcher Stadtstaat hieß bei ihnen Polis (der Plural von Polis heißt Poleis). Das Wort bedeutete ursprünglich Burg und bekam dann die Bedeutung Stadt oder Staat. Die Akropolis in Athen, das Wahrzeichen der Stadt, das auf einem etwa 150 Meter hohen Felsen liegt, bedeutet höchste Burg und war ursprünglich die Burg der Könige und wurde später ein religiöser Platz mit Tempeln.

Griechische Vokabeln:
demos = Volk
kratein = herrschen
aristoi = die Besten (Adligen)
oligoi = wenige
archein = regieren
polis = Burg, Stadt, Staat
sympatheia = Zuneigung

3. Erstelle eine Liste mit deutschen Wörtern, in denen das griechische Wort „Polis" enthalten ist (Beispiele: Politik, Polizei ...).

____

4. Worauf waren die Bürger einer Polis sehr stolz?

____

____

5. Was hatten alle Poleis in Griechenland gemeinsam?

____

____

6. Welche entscheidenden Unterschiede zwischen der Demokratie in Athen und unserer heutigen hast du schon erfahren?

____

____

____

Fahrt ins Ungewisse – die Gründung von Kolonien

Wir schreiben das Jahr 630 v. Chr. Auf der Insel Thera herrscht schon seit einigen Jahren Trockenheit. Die Bauern können die Bevölkerung nicht mehr ernähren. Da fassen die Theraier den Entschluss, eine „Tochterstadt", eine Kolonie, zu gründen. Sie fragen das Orakel von Delphi und bekommen den Rat, in Libyen in Nordafrika eine neue Stadt zu gründen.
Ein großes Schiff wird gebaut. Aus allen jungen Männern von Thera werden 200 ausgelost, die mit ihrem Anführer in See stechen. Mit an Bord sind ein Korb voll heimischer Erde, eine Schale mit heimischem Feuer, Trinkwasser, Nahrung, Saatgut, Setzlinge von Olivenbäumen, Waffen, Werkzeug und vieles mehr.
Doch weil die Winde nicht günstig sind, kehren sie schon bald nach Thera zurück. Die Theraier aber jagen sie mit Schimpf und Schande davon und so machen sie sich erneut auf den Weg nach Süden. Nach beschwerlicher und langer Reise landen sie auf einer Insel vor der libyschen Küste.

Auf dieser Insel errichten sie zunächst mit der heimischen Erde einen Altar, auf dem das mitgebrachte Feuer neu entfacht wird. Das Land wird vermessen und jeder junge Mann bekommt ein Stück durch Los zugewiesen. Sie errichten Häuser, bearbeiten den Boden und sammeln die Früchte, die das Land hervorbringt.
Aber schon nach zwei Jahren zeigt sich, dass der Boden zu unfruchtbar ist und zu wenig hergibt. Daher besteigen sie wieder das Schiff und fahren zum Festland, zur Küste Nordafrikas. Auf der Suche nach einem geeigneten Siedlungsplatz gründen sie schließlich die Stadt Kyrene. So wurde Kyrene die „Tochterstadt" von Thera.

1. Griechische Kolonien gab es rund um das Mittelmeer und um das Schwarze Meer. Liste unter der Karte die heutigen Länder auf, in denen griechische Kolonien waren.

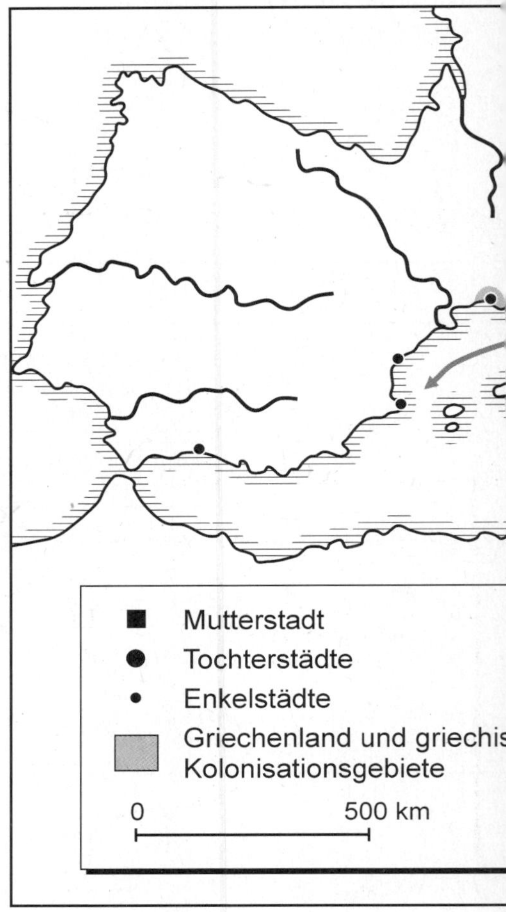

Das Orakel von Delphi
Bevor die Griechen für ihre Polis wichtige Entscheidungen trafen, befragten sie das Orakel in Delphi. Dort saß in einem Tempel eine Seherin – heute würde man sagen: eine Wahrsagerin. Die Griechen glaubten, dass diese Seherin ihre Weissagungen von den Göttern bekäme. Von Priestern wurden diese Weissagungen dann gedeutet und von den Fragestellern befolgt.
Die bekannteste Orakelstätte war in Delphi; die Seherin hieß Pythia.

OKTOPUS Griechenland. Die Wiege der Demokratie, ISBN 3-623-20715-2

Die griechischen Poleis gründeten fast um das ganze Mittelmeer und um das Schwarze Meer griechische Kolonien (Tochterstädte). Viele dieser Tochterstädte gründeten ihrerseits wieder Kolonien (Enkelstädte).

Das Gefühl der Zusammengehörigkeit aber blieb bei allen Auswanderern durch die gemeinsame Sprache bestehen.
Warum wurden Kolonien gegründet?

- Der Boden in den Mutterstädten wurde knapp.
- Die Bevölkerung wuchs so stark, dass die Nahrung nicht mehr ausreichte.
- Persönliche Gründe.

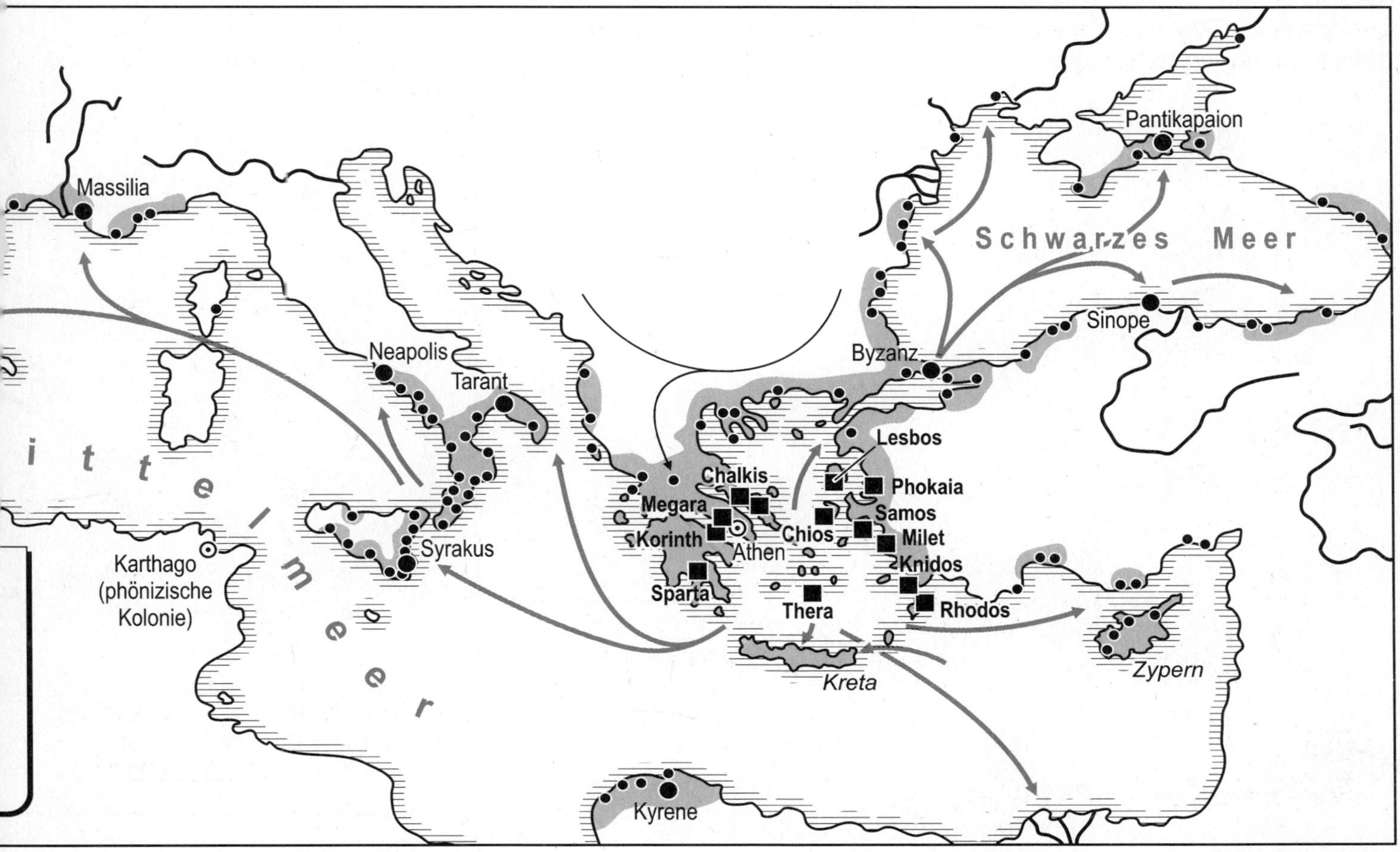

Mittelmeer (Europa)

____

____

____

____

Schwarzes Meer

____

____

____

____

Mittelmeer (Afrika)

____

____

Griechische Vokabeln:
nea = neu
polis = Stadt

2. Als vor Jahrhunderten in Deutschland Städte gegründet wurden, nannte man einige von ihnen „Neustadt". Auch die Griechen haben eine Stadt mit dem Namen „Neustadt" gegründet. Wie hieß sie damals und wie heißt sie heute? Schaue dazu in die Vokabelliste.

3. Zeichne in die Karte die Reiseroute von Thera nach Kyrene ein.
4. Warum gründeten die Mutterstädte Tochterstädte?

5. Überlege, welche Probleme bei der Besiedlung eines neuen Gebietes auftreten konnten.

Regierung und Verwaltung in Athen

Die Blütezeit der Demokratie in Athen lag um 450 v. Chr. Der Politiker, der damals den größten Einfluss in der Polis Athen hatte, war Perikles. Zu dieser Zeit waren alle Bürger Athens gleichberechtigt und alle Entscheidungen wurden durch Mehrheitsbeschlüsse getroffen. Die Zeit der Könige, die alleine regiert hatten, war 250 Jahre zuvor und die Zeit der Adelsherrschaft, der Tyrannen, war 50 Jahre zuvor beendet worden. Jetzt herrschte endlich Demokratie (Volksherrschaft) und das zeigte sich am deutlichsten in der Volksversammlung. Begleiten wir doch einmal den 20-jährigen Kinon, der mit seinem Vater zum ersten Mal zur Volksversammlung geht.

Der Platz, an dem die Volksversammlung tagt, ist ein Hügel am Stadtrand. Hier hat man im Halbrund Terrassen für Sitzplätze am Abhang angelegt.
Als Kinon und sein Vater ankommen, sind kaum noch Plätze frei. Auch der „Rat der 500" hat schon seine Ehrenplätze eingenommen. „Weil es heute um den weiteren Ausbau der Flotte geht, ist das Gedränge so groß", sagt der Vater. Nachdem der Vorsitzende die Versammlung eröffnet hat, wird in der weiten Arena sehr heftig und sehr laut gestritten. Jeder darf das Wort ergreifen.
Einige Redner sind der Meinung, der weitere Ausbau der Flotte wäre viel zu teuer, das Geld könne sinnvoller für die Verschönerung Athens ausgegeben werden. Andere meinen, dass man nicht genug auf der Hut sein könne vor den Persern und der immer stärker werdenden Polis Sparta. So geht das schließlich bis zum späten Abend ...

Die Übersicht zeigt, welche Gremien an der Regierung und Verwaltung in der Polis Athen beteiligt waren.

1. Setze folgende Überschriften in die richtigen Kästchen:
Beamte, Scherbengericht, Rat der 500, Volksgericht (Laienrichter), Offiziere, Volksversammlung

_ _ _ _ _ _ _ _ _ _ _ _ _

_ _ _ _ _ _ _ _ _ _ _ _ _

Die Bürger der Polis nahmen die Rechtsprechung selber wahr. Jährlich wurden 6 000 Bürger ausgelost, die als Richter tätig waren

durch Los ausgewählt

Zu ihr gehörten alle freien Bürger der Polis Athen. Das waren alle Männer über 20 Jahre, deren Eltern beide in Athen geboren waren. Frauen, Ausländer und Sklaven hatten keinen Zutritt zur Volksversammlung

Die Bevölkerung Athens (um 450 v. Chr.)

Bürger von Athen	40 000
Familienangehörige	110 000
„Ausländer"	50 000
Sklaven	100 000

OKTOPUS Griechenland. Die Wiege der Demokratie, ISBN 3-623-20715-2

___ ___ ___

... war die Regierung von Athen. Jeden Tag übernahm ein anderer Ratsherr – durch Los bestimmt – den Vorsitz

____

Dieses Gericht sollte verhindern, dass sich jemand gegen den Willen des Volkes an die Spitze der Polis setzte und zum Tyrannen wurde.

______

... waren in der Verwaltung des Staates beschäftigt.

____

... dienten in der Armee.

durch Los ausgewählt

Los oder Wahl

alle Mitgleider der Volksversammlung

____

Tonscherbe als Stimmzettel

Beim Scherbengericht wurde der Name des „Politikers" auf eine Tonscherbe eingeritzt, von dem man glaubte, dass er die Freiheit Athens bedrohte. Die Abstimmung fand auf der Agora (Marktplatz) statt.

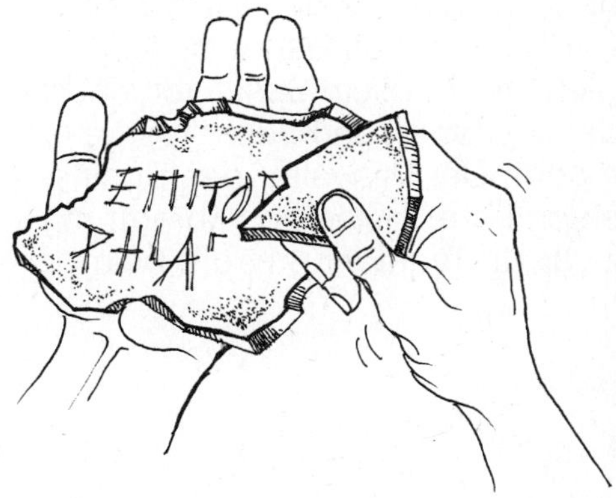

2. Wer konnte an der Volksversammlung teilnehmen?

3. Überlege, warum mindestens 6000 Bürger an der Volksversammlung teilnehmen mussten, wenn schwerwiegende Beschlüsse gefasst wurden.

4. Stelle in einer Tabelle zusammen: Was war nach unserem heutigen Verständnis in Athen demokratisch und was mit Sicherheit nicht?

5. Die Staatsform in Athen wurde als direkte Demokratie bezeichnet. Die Bürger konnten selbst und unmittelbar über alles selbst entscheiden.
Unsere Demokratie bezeichnet man als indirekte Demokratie. Überlege, was man darunter versteht und warum bei uns heute keine direkte Demokratie möglich ist.

6. Warum wurde in Athen das Scherbengericht eingeführt?

7. Warum mussten auch an dieser Abstimmung mindestens 6000 Bürger teilnehmen?

8. Was war der „Rat der 500"?

9. Welche Vorteile oder Nachteile kann es haben, wenn Bürger für das Richteramt ausgelost werden?

Athen – größter Handelsplatz im Mittelmeer

Die Beamten von Piräus, dem Hafen von Athen, haben alle Hände voll zu tun. Sieben voll beladene Handelsschiffe sind aus allen Teilen des Mittelmeeres und des Schwarzen Meeres am gleichen Tag eingelaufen. Von allen Gütern, die nach Athen eingeführt werden, müssen die Händler zwei Prozent Zoll bezahlen. Das ist eine wichtige Einnahmequelle für den Stadtstaat. Der Kapitän des Handelsschiffes „Athene“ hat sein Schiff vor einem der großen Lagerhäuser festgemacht. Der Verwalter des Schiffseigentümers Niarchos kommt mit zwanzig Tagelöhnern, um beim Ausladen zu helfen. Die „Athene“ war insgesamt zwei Monate unterwegs und hat aus Massilia Wein und Wolle, aus Neapolis Schweine und Käse und aus Syrakus Getreide mitgebracht. Da die 300 000 Einwohner von Athen nicht mehr aus dem Umland ernährt werden können, müssen insbesondere große Mengen von Getreide eingeführt werden, jedes Jahr 700 000 Tonnen. Kapitän und Verwalter überwachen das Löschen der Ladung. Auch ein Zollbeamter steht dabei und führt über alles Buch. Die großen Tonkrüge mit Wein werden draußen aufgereiht.

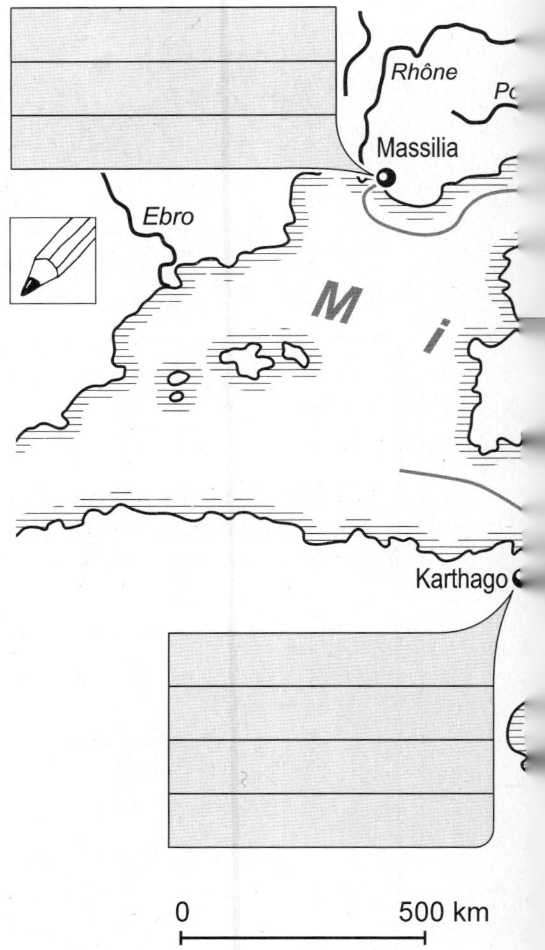

Schwierig ist es, die Schweine auszuladen und auf bereitgestellte Karren zu verfrachten. Die Tiere sind durch die lange Überfahrt sehr unruhig und verschreckt. Als Letztes werden die 10 Sklaven aus Syrakus aus einem kleinen Verschlag unter Deck heraufgeholt. Der Sklavenhändler Glaumachos ist persönlich im Hafen erschienen, um die bestellte Ware abzuholen. Er hat diesen Auftrag von einem Großgrundbesitzer, der die Sklaven für die Olivenernte braucht. Das Ausladen aller Waren dauert bis in den späten Abend. Dann erst machen sich der Kapitän und der Verwalter auf den Weg nach Athen. Vom Hafen aus ziehen sich rechts und links hohe Mauern bis zur Stadt. Diese „Langen Mauern“ verbinden Piräus mit Athen und bieten im Krieg der Bevölkerung Schutz. Falls Athen vom Meer abgeschnitten würde, könnte die Stadt nur noch kurze Zeit überleben.

1. Welche Aufgaben hatten die Zollbeamten im Hafen Piräus?
2. Die großen Handelsschiffe wurden von kleinen und sehr wendigen Kriegsschiffen begleitet. Begründe.
3. Warum war die Polis Athen auf Einfuhren von Waren angewiesen?
4. Neben vielen Rohstoffen war Holz für die Athener sehr wichtig. Wofür brauchten sie eine große Menge Holz?

ATLAS

In der nebenstehenden Liste findest du eine Anzahl von Häfen, aus denen die Athener sich ihre Waren und Rohstoffe holten.
5. Trage in die Tabelle die Namen der heutigen Länder ein, in denen die damaligen Hafenstädte lagen.
6. Trage in die Kästen, die neben den Hafenstädten in der Karte stehen, die jeweiligen Ausfuhrprodukte ein.

OKTOPUS Griechenland. Die Wiege der Demokratie, ISBN 978-3-623-20715-5

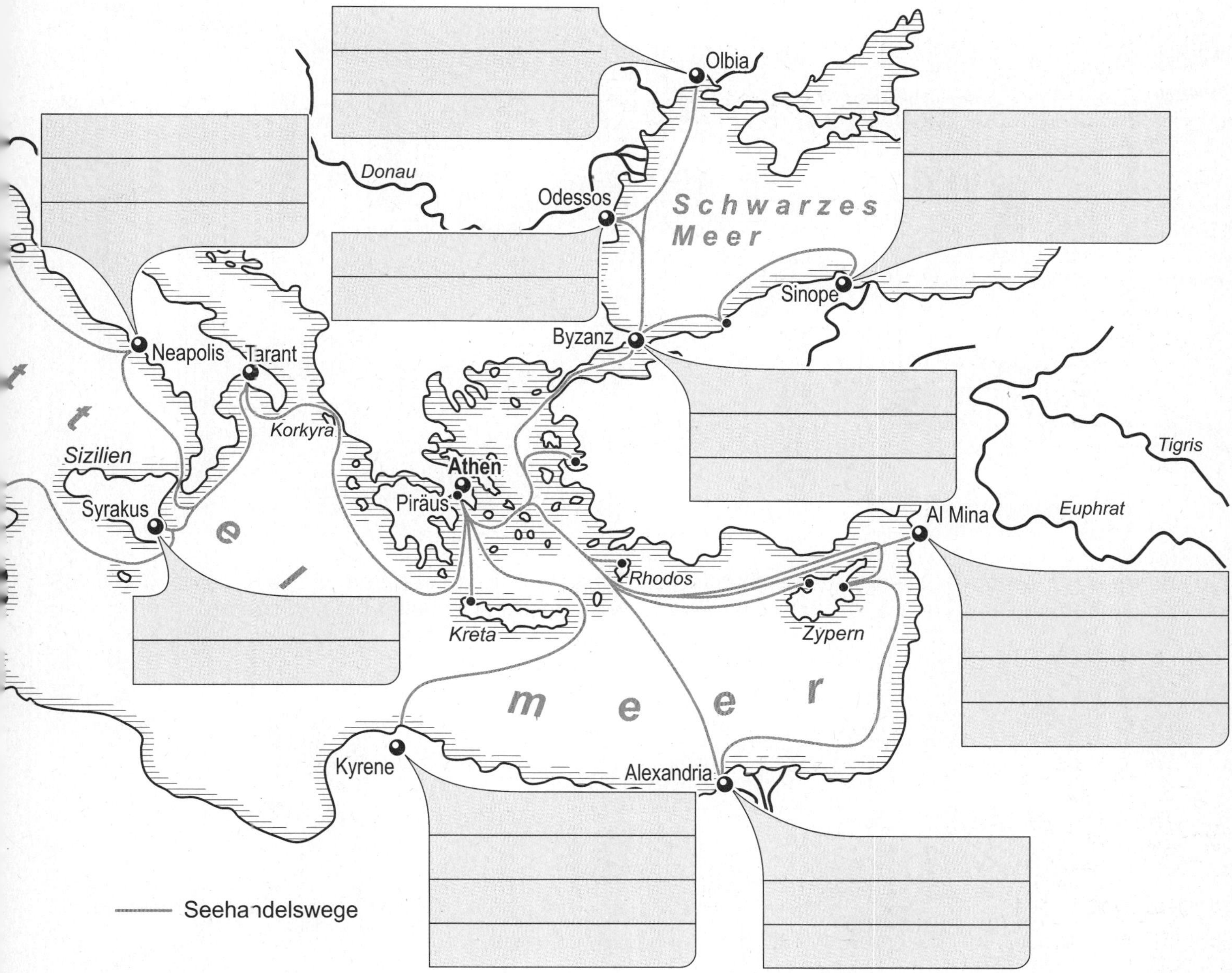

Handelsplatz (Stadt oder Region)	liegt heute in diesem Land	Handelsware
Kyrene		Elfenbein, Tierhäute, Felle, Getreide
Karthago		Teppiche, Silber, Zinn, Elfenbein
Massilia		Wein, Wolle, Holz
Neapolis	Italien	Schweine, Käse, Tierfelle
Syrakus		Getreide, Schweine
Odessos		Holz, Sklaven
Byzanz		Getreide, Schafe, Sklaven
Sinope		Sklaven, Teppiche, Mandeln
Al Mina		Weihrauch, Schmuck, Obst, Gewürze
Olbia		Getreide, Sklaven, Fische
Alexandria		Papyrus, Getreide, Arzneimittel

OKTOPUS Griechenland. Die Wiege der Demokratie, ISBN 3-623-20715-2

Sparta – der Kriegerstaat in Griechenland

So könnte es im Zentrum Spartas ausgesehen haben. Typisch für den Kriegerstaat: Die Kaserne, das Gymnasium (keine Schule wie heute, sondern eine Sportschule) und eine Schule für die Jüngeren.

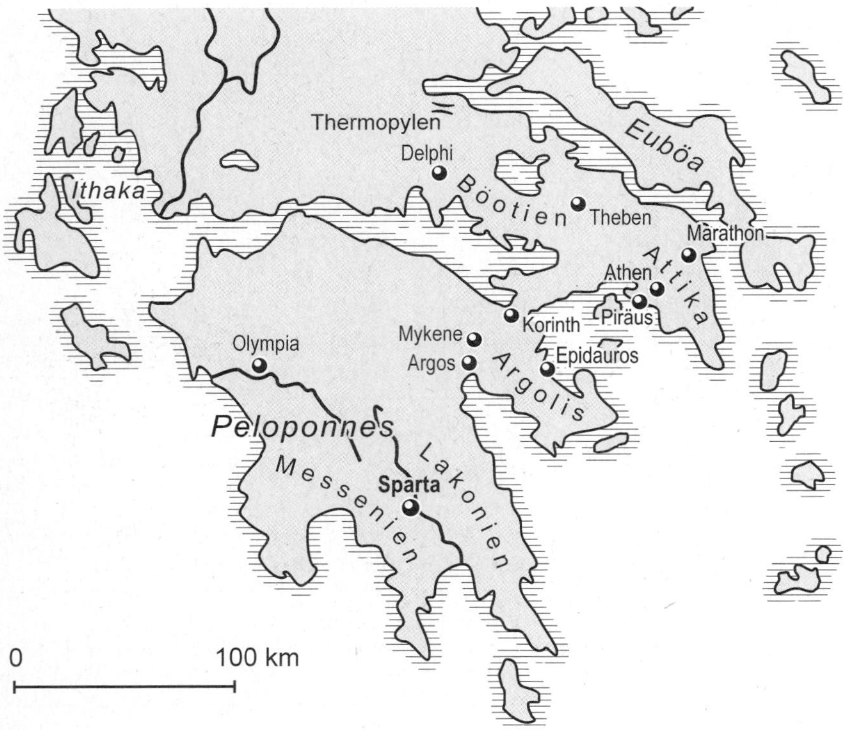

Ein spartanischer Krieger

i Neben Athen war Sparta die wichtigste Polis in Griechenland. Athen lag auf der Halbinsel Attika und Sparta im Süden der Halbinsel Peloponnes. Die Vorfahren der Spartaner waren um 900 v. Chr. aus dem Norden eingewandert. Die einheimische Bevölkerung wurde unterworfen und das Land aufgeteilt. Um die Herrschaft auf Dauer zu sichern, errichteten die Spartaner einen Militärstaat. Die Bewohner des Umlandes bewirtschafteten die Felder für die Spartaner oder sie waren Handwerker und Kaufleute. Für die Spartaner selbst war das verboten, sie leisteten nur Kriegsdienst. Die unterworfene Bevölkerung, die zu Sklaven gemacht worden war, musste in allen Bereichen die Arbeit verrichten.

Du hast vielleicht schon mal den Satz gehört: „Der lebt spartanisch". Gemeint ist damit, dass er sehr einfach und ohne Luxus lebt. Dieser Ausdruck ist vom Leben in der Polis Sparta abgeleitet. Die Menschen lebten dort in größter Einfachheit und Genügsamkeit. Die Kleidung bestand aus einem wollenen Unterkleid ohne Ärmel. Darüber trug man ein rundes oder viereckiges Tuch. Die Spartaner gingen barfuß. Nur im Krieg banden sich die Soldaten Sohlen unter die Füße.

Kindererziehung

Wenn ein Kind nach der Geburt schwächlich oder krank war, wurde es in einer Schlucht ausgesetzt und musste verhungern. Bis zum 7. Lebensjahr war die Erziehung Aufgabe der Eltern. Dann kamen sie in öffentliche Gebäude in die Hände des Staates. Dort wurden sie trainiert und die Jungen wurden auf die Aufgabe als Soldat vorbereitet. Die Jungen schliefen auf dem Fußboden auf Heu oder Stroh. Sie bekamen gerade so viel zu essen, dass sie nicht verhungerten. Stehlen war erlaubt. Sie durften sich aber nicht dabei erwischen lassen, sonst wurden sie ausgepeitscht.

Aus Jungen wurden Soldaten

Mit 20 Jahren traten die jungen Männer in das Heer ein und mit 30 Jahren durften sie an der Essgemeinschaft der Männer teilnehmen. Um das Töten zu trainieren, gingen die jungen Krieger oft auf die Felder und erschlugen die Sklaven. Die Spartaner gingen niemals ohne Waffen auf die Straße, um die Sklaven von einem Aufstand abzuschrecken und Stärke zu zeigen.

Mädchen und Frauen

Die Mädchen trieben auch Sport wie die Jungen. Als erwachsene Frauen hatten sie sich um den Haushalt zu kümmern. Die Frauen hatten mehr Zeit für sich selbst als die Männer. Aber auch ihr Denken war: Leben und Sterben für die Polis Sparta. Als eine Mutter ihrem Sohn vor einer Schlacht den Schild gab, sagte sie: „Kehre mit ihm oder auf ihm zurück!"
Was ist wohl mit diesem Spruch gemeint?

Die Spartaner waren die ersten, die nicht in wilder Schlachtordnung kämpften, sondern in Reihen aufgestellt. Das nennt man eine **Phalanx.**

1. Wenn du das Silbenrätsel gelöst hast, erhältst du ein Wort, das in der Polis Sparta eine sehr große Bedeutung hatte.

1=2 / 2=1 / 3=3

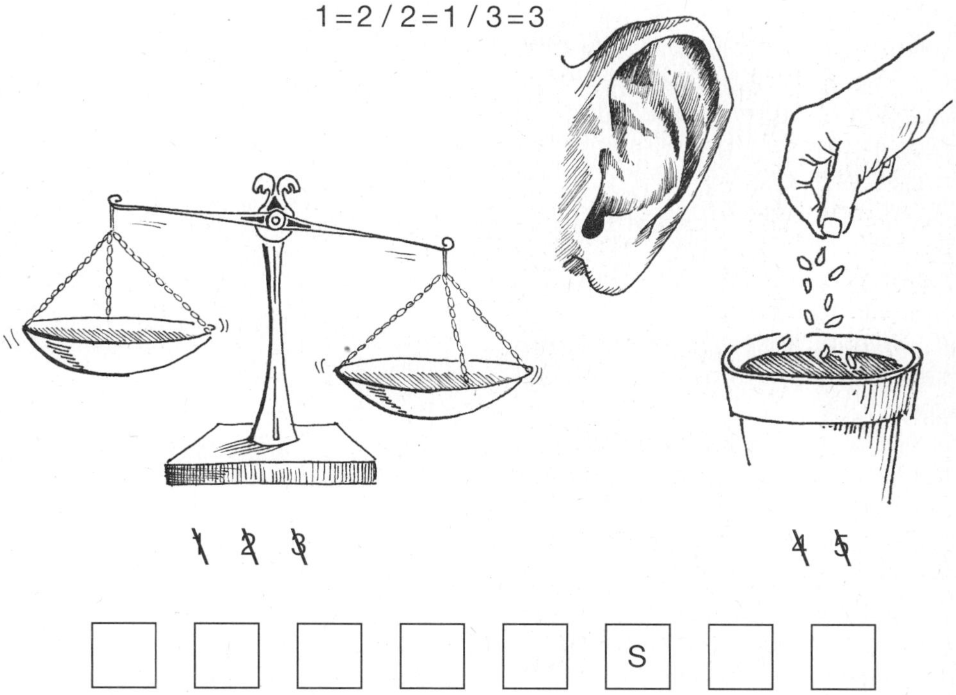

2. Stelle in einer Liste wichtige Unterschiede der beiden Poleis Athen und Sparta gegenüber.

3. Warum kümmerte sich der Staat um die Erziehung der Jugend?

4. Was versteht man unter spartanischer Lebensweise?

5. Warum ging der Spartaner niemals ohne Waffen aus dem Haus?

6. Nach einer verlorenen Schlacht errichteten die Überlebenden einen Gedenkstein, auf dem folgender Satz stand:
„Wanderer, kommst du nach Sparta, verkünde dort, du habest uns hier liegen gesehen, wie das Gesetz es befahl."
Was ist mit diesem Satz gemeint?

OKTOPUS Griechenland. Die Wiege der Demokratie, ISBN 3-623-20715-2

Wer hat die Vorherrschaft in Griechenland?

In den Jahren 500 v. Chr. bis 400 v. Chr. führten die Poleis oft Kriege gegeneinander, um die Vorherrschaft in Griechenland zu erringen.
Es wurden zwar immer wieder Friedensverträge miteinander geschlossen, aber die waren oft nicht von langer Dauer. Auch aus dem benachbarten Perserreich gab es häufig Übergriffe auf Griechenland. Über diese Zeit und über berühmte Schlachten wird auf dieser Doppelseite berichtet.

Die Schlacht bei Marathon (490 v. Chr.)
Die Perser dehnten ihr Weltreich nach Westen aus und eroberten die griechischen Poleis an der Westküste Kleinasiens. Da die Athener diesen Städten geholfen hatten, sollten sie dafür bestraft werden. Die Perser segelten unter der Führung ihres Königs Darius im Jahre 490 v. Chr. mit ihrer Flotte zur Insel Euböa und setzen dann nach Attika über. Bei der Stadt Marathon kam es zur Schlacht. Die Spartaner, die um Hilfe gebeten wurden, kamen nicht. Mit nur 10 000 Soldaten siegten die Athener trotzdem gegen die dreifache Übermacht der Perser. Nach dem Sieg wurde ein Läufer losgeschickt, der die Siegesbotschaft so schnell wie möglich nach Athen bringen sollte. „Wir haben gesiegt!“ rief er auf dem Marktplatz. Dann brach er tot zusammen. Mit dem Sieg bei Marathon hatte Athen sich neben Sparta einen führenden Platz unter den griechischen Poleis erkämpft.

1. Erkläre mit eigenen Worten, was man unter Hegemonie versteht?
2. Zu Ehren des Läufers, der den Sieg von Marathon nach Athen gemeldet hatte, wurde bei den Olympischen Spielen der Antike der Marathonlauf durchgeführt. Auch heute gibt es noch den Marathonlauf. Über wie viel Kilometer geht er?
3. Warum hatte Athen großes Interesse daran, mit den befreundeten Staaten den Attischen Seebund zu gründen?
4. Welche beiden Staaten standen sich im Peleponnesischen Krieg gegenüber?
5. Mit wessen Hilfe konnte Sparta schließlich den Krieg für sich entscheiden?
6. Zeichne den Weg des Perserkönigs Darius nach Marathon rot.
7. Zeichne den Weg des Perserkönigs Xerxes bis zu den Thermopylen blau ein.

Das Ende der Polis Athen
Der Peleponnesische Krieg ging weiter. Sparta war zu Lande, Athen zur See überlegen. Keiner konnte den anderen besiegen. Daher schlossen die beiden Staaten im Jahr 421 v. Chr. Frieden. Jeder konnte das behalten, was er vor dem Krieg besessen hatte.
Viele Athener aber waren mit dem Friedensvertrag nicht einverstanden und so ging der Peleponnesische Krieg weiter. Mal siegten die Spartaner, mal die Athener. Der Streit um die Hegemonie in Griechenland ging weiter, bis sich die Spartaner mit den Persern verbündeten. Die Festung Athen wurde zerstört, Athen war entmachtet. So endete der Peleponnesische Krieg mit dem Sieg Spartas.
Von Norden drängten die Makedonen weiter nach Süden, nach Griechenland, und wurden schließlich die neuen Herren. Es kam die Zeit Alexanders des Großen.

Der Peleponnesische Krieg
446 v. Chr. schloss Athen auch einen 30-jährigen Friedensbund mit Sparta. Athen verzichtete auf Erwerbungen auf dem Festland, Sparta überließ Athen die Vormachtstellung auf See. Der Frieden mit Sparta dauerte aber nur fünfzehn Jahre. Athen hatte die Handelsinteressen eines Bundesgenossen von Sparta verletzt und so kam es zum Peleponnesischen Krieg. Weil die Spartaner ein starkes Landheer hatten,

OKTOPUS Griechenland. Die Wiege der Demokratie, ISBN 3-623-20715-2

Die Schlacht an den Thermopylen (480 v. Chr.)
Um die Schmach seines Vaters zu sühnen, brach 480 v. Chr. sein Sohn Xerxes mit 150 000 Soldaten und 800 Schiffen erneut nach Griechenland auf. Er ließ Kriegsschiffe zu einer Brücke zusammenbinden und überquerte so den Hellespont. Er zog an der Küste entlang durch Thrakien, Makedonien und Thessalien und stieß an den Thermopylen, einem nur 50 Meter breiten Engpass zwischen Meer und Gebirge auf das griechische Heer. Die Griechen konnten den Pass lange verteidigen und den Persern große Verluste zufügen. Als ein Grieche den Persern einen Schleichweg verriet, wurde das griechische Heer vernichtend geschlagen.

Seeschlacht bei Salamis (480 v. Chr.)
Nach der Niederlage am Thermopylenpass war Athen in höchster Gefahr. Im Jahre 480 v. Chr. drang das Landheer der Perser bis nach Athen vor und verwüstete die Stadt. Die persische Flotte näherte sich der Insel Salamis, vor deren Küste die griechische Flotte ankerte. Es kam zur Seeschlacht, bei der die zahlenmäßig unterlegenen Griechen die persische Flotte vollständig versenkten. Die griechischen Schiffe waren klein und sehr wendig und hatten vorne am Bug einen Rammsporn. Dadurch wurden die schwer manövrierbaren persischen Kriegsschiffe durchbohrt. Xerxes zog sich mit seinem Heer nach Asien zurück und die Athener bauten ihre Stadt wieder auf.

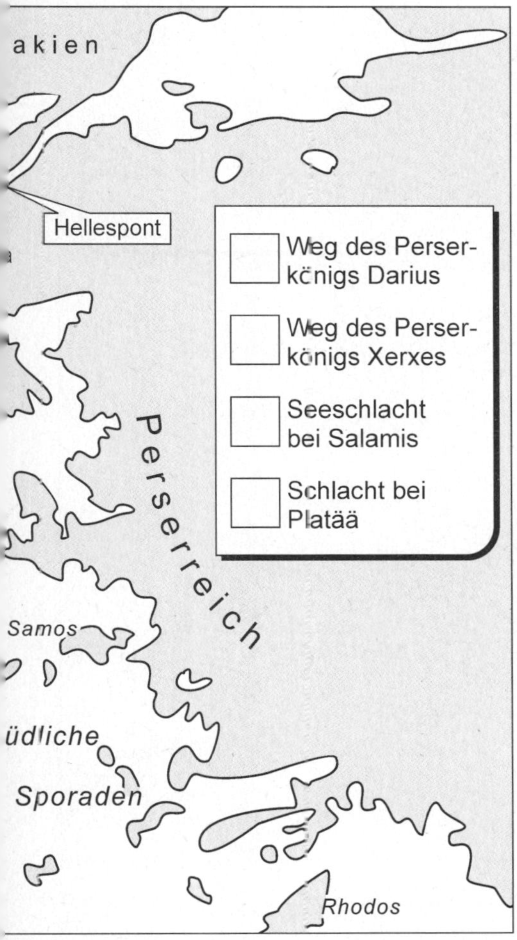

8. Suche auf der Karte die Insel Salamis (nahe Athen) und zeichne sie grün ein.
9. Suche Platää (nordwestlich von Athen) auf der Karte und mache mit einem gelben Stift einen kräftigen Kreis darum.

Die Vorherrschaft über ein bestimmtes Gebiet wird mit dem griechischen Fremdwort Hegemonie* bezeichnet

Griechische Vokabeln
hegemonia = Führung

konnten sie Athen einnehmen und die Stadt wurde verwüstet. Die Athener fuhren mit ihrer Flotte an die spartanische Küste und verwüsteten dort die Städte. Daraufhin zogen sich die Spartaner zurück.

Der Attische Seebund wird gegründet
Athen baute seine Flotte aus und wurde die stärkste Seemacht Griechenlands. Die von den Persern besetzten griechischen Poleis an der Westküste Kleinasiens und die griechischen Inseln wurden wieder befreit. Diese Städte schlossen mit Athen einen Friedensvertrag und gründeten den Attischen Seebund unter Führung Athens. Die Spartaner beobachteten mit Argwohn, dass Athen immer stärker wurde.
Im Jahre 448 v. Chr. schloss Athen auch mit den Persern einen Friedensvertrag. Das war die „Blütezeit“ Athens.

Der endgültige Sieg über die Perser
Im Frühjahr 479 v. Chr. wurden die Griechen erneut von den Persern angegriffen und Athen wurde wieder verwüstet. Unter der Führung der Spartaner kam es bei Platää zur Schlacht. Anfangs waren die Perser überlegen. Doch als ihr Anführer von einem Stein getroffen tot vom Pferd fiel, flohen die Perser zurück in ihre Heimat und kamen nie wieder.

Die Schlacht um Troja

Wie alle Völker erzählten sich auch schon die Griechen der Antike Geschichten über das Leben ihrer Vorfahren. Diese „sagenhaften" Geschichten wurden von Generation zu Generation weitererzählt, bis sie schließlich aufgeschrieben wurden. Die bekanntesten Texte aus sehr früher Zeit sind die Epen „Ilias" und „Odyssee" vom Dichter Homer. Homer hat sie etwa 700 v. Chr. geschrieben.

Durch diese Überlieferungen wissen wir viel über die „Frühzeit" des antiken Griechenland.

Die Epen (Singular: Epos) sind Erzählungen – meist in Versform geschrieben – über die Helden der Vorzeit und die Götter. In den Epen werden Mythen dargestellt. Das sind Sagen aus früherer Zeit.

Die Schlacht um Troja

Es war die Zeit um 1200 v. Chr. In Troja herrschte König Priamos. Paris, einer seiner Söhne, lebte lange Zeit am Hofe des Königs Menelaos in Sparta. Als er sich in Helena, die schöne Frau des Menelaos verliebte, entführte er sie nach Troja.
Weil die Trojaner sich weigerten, Helena zurückzugeben, versammelten die Griechen ein Herr von 100 000 Mann und segelten nach Troja. Es dauerte zehn Jahre mit vielen Kämpfen und Toten auf beiden Seiten, bis die Griechen Troja endlich einnehmen konnten. Das gelang durch eine List: Sie bauten ein riesiges hölzernes Pferd, versteckten im Innern die mutigsten ihrer Krieger und täuschten ihren Abzug vor. Die Trojaner holten das Pferd in die Stadt und in der Nacht, als alle schliefen, öffneten die Männer im Innern des Pferdes eine Luke, überwältigten die Wachen und öffneten die Stadttore. Die Flotte kam auf ein Feuerzeichen hin zurück und die Stadt wurde in Schutt und Asche gelegt. Helena kehrte zu Menelaos nach Sparta zurück.

Die Ilias schildert den viele Jahre andauernden Kampf um Troja und wie es zu diesem Krieg kam. Der Name Ilias kommt vom Wort „Ilion". So wurde Troja auch genannt.

1. Suche Troja auf der Karte und zeichne den Weg der Flotte, die mit 1 000 Kriegsschiffen nach Troja unterwegs war, ein.
2. Wie heißt das Land heute, in dem Troja lag? Schreibe den Namen in das Kästchen in der Karte.

Der deutsche Kaufmann Heinrich Schliemann hatte schon als Kind die Ilias gelesen und wollte das antike Troja finden. Nach fünf Jahren intensiver Suche, bei der er genau die Texte Homers verglich, fand er schließlich im Jahr 1873 bei Ausgrabungen das „sagenhafte“ Troja.

3. Erkläre die Begriffe „Epen und „Mythen“.
4. Was war der Anlass für den Trojanischen Krieg?
5. Mit welcher List konnte Troja nach zehn Jahren schließlich eingenommen werden?

Die Irrfahrten des Odysseus
Odysseus war König der Insel Ithaka und einer der Helden, die vor Troja gekämpft haben. Er war klug und tapfer, aber auch listig und verschlagen. Nach der Schlacht um Troja irrte er zehn Jahre durch das Mittelmeer, ehe er wieder nach Ithaka zurückkam. Auf dieser Reise musste er viele Abenteuer bestehen. Eines der bekanntesten ist das Abenteuer bei dem menschenfressenden einäugigen Riesen Polyphem, den er überlistete, ihm mit einem Stamm das Auge ausstach und dann mit den übrigen Gefährten fliehen konnte. Die Abenteuer sind so spannend, dass es sich lohnt, sie zu lesen.

6. Auch wir in Deutschland kennen Sagen aus unserer Vergangenheit. Eine sehr bekannte Sage ist die „Siegfried-Sage“. Ob sich das Geschehen so oder so ähnlich zugetragen hat, wissen wir nicht genau. Sagen haben aber einen wahren Kern.
Informiere dich über die Siegfried-Sage oder eine andere bekannte Sage und berichte deinen Mitschülern darüber.
7. Das Wort „Odyssee“ bedeutet Irrfahrt und ist abgeleitet von Odysseus, einem Helden, der vor Troja gekämpft hat. Odysseus kam erst nach einer langen Irrfahrt von Troja heim nach Ithaka. Besorge dir aus einer Bücherei ein Buch, in dem von den Abenteuern des Odysseus berichtet wird.

Die Olympischen Spiele der Antike und der Neuzeit

Die Olympischen Spiele der Antike waren ursprünglich kultische Spiele. Mit besonderen Feierlichkeiten wurde der Göttervater Zeus verehrt. Auch die sportlichen Wettkämpfe fanden zu seinen Ehren statt. Während der Zeit der olympischen Spiele ruhten die Waffen, Kriege wurden in dieser Zeit unterbrochen. Aus allen Poleis reisten die Wettkämpfer nach Olympia, um sich im fairen Kampf zu messen. Bevor die Spiele begannen, gelobten die Sportler, fair gegeneinander zu kämpfen und die Schiedsrichter gelobten, unparteiisch zu sein.
Bei den Sportlern und Zuschauern zählte nur der Sieg, schon der Zweite fand keine Beachtung mehr. Wer Sieger in einem Wettkampf geworden war, wurde mit Ehren überhäuft. Oft wurde ihm auch in seiner Heimatstadt ein Denkmal errichtet. Wenn ein Wettkämpfer mit unfairen Mitteln arbeitete, musste er Strafgelder bezahlen. Es ist die Geschichte überliefert, dass ein Wagenlenker aus Athen seine Gegner bestochen hatte. Trotz des Protestes der Athener wurde ihm der Sieg aberkannt. Die Athener waren darüber so erbost, dass sie an den nächsten Olympischen Spielen nicht teilnehmen wollten. Das Orakel von Delphi aber gab den Schiedsrichtern recht und die Athener mussten zur Strafe sechs Zeusstatuen in Olympia aufstellen.
Von 776 v. Chr. bis 393 n. Chr. fanden die Olympischen Spiele der Antike statt. Dann wurden sie von einem christlichen Kaiser verboten. Erst 1896 fanden die ersten Olympischen Spiele der Neuzeit statt und zwar zuerst in Athen und dann alle vier Jahre in einer anderen Stadt auf der ganzen Welt.

1. Welchen Sinn hatten die Olympischen Spiele ursprünglich?
2. Überlege, warum die Spiele 393 v. Chr. von einem christlichen Kaiser verboten wurden.
3. Was ist bei den Olympischen Spielen noch heute so wie in der Antike, was ist anders?

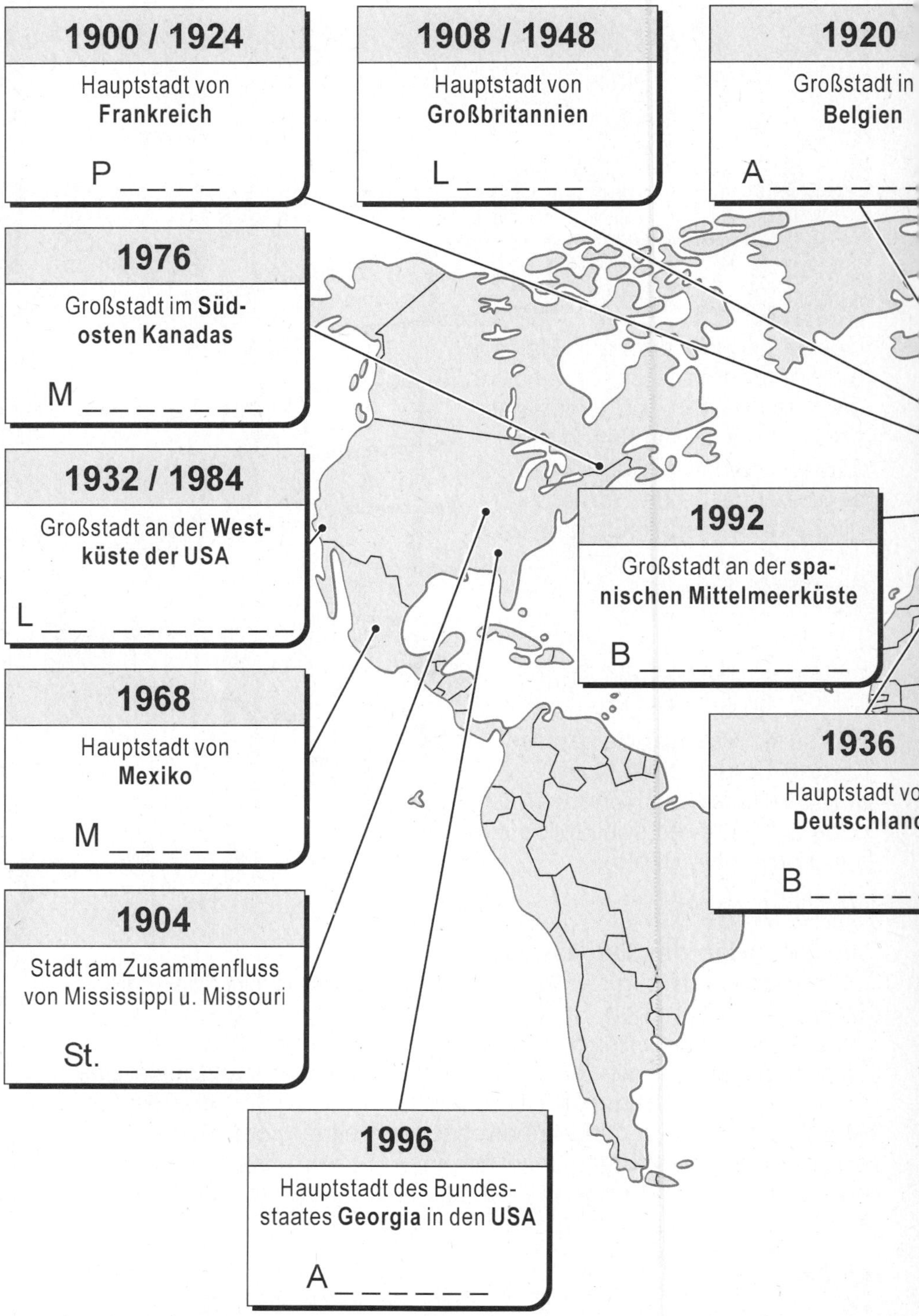

Folgende Wettkämpfe wurden bei den Olympischen Spielen der Antike durchgeführt:
- Stadionlauf (1 Stadion = 192 m)
- Doppellauf (2 Stadien)
- Langlauf (20 Stadien)
- Waffenlauf (2 Stadien – mit Schild und Helm)
- Fünfkampf (Diskuswurf, Weitsprung, Speerwurf, Ringkampf)
- Ringkampf
- Faustkampf
- Allkampf = Pankratien (Mischung aus Faust- und Ringkampf)
- Wagenrennen (Vierergespann)
- Reiten

Wettkämpfe für Jugendliche unter 20 Jahren:
- Stadionlauf
- Ringen
- Faustkampf
- Allkampf

Die Spiele dauerten fünf Tage.

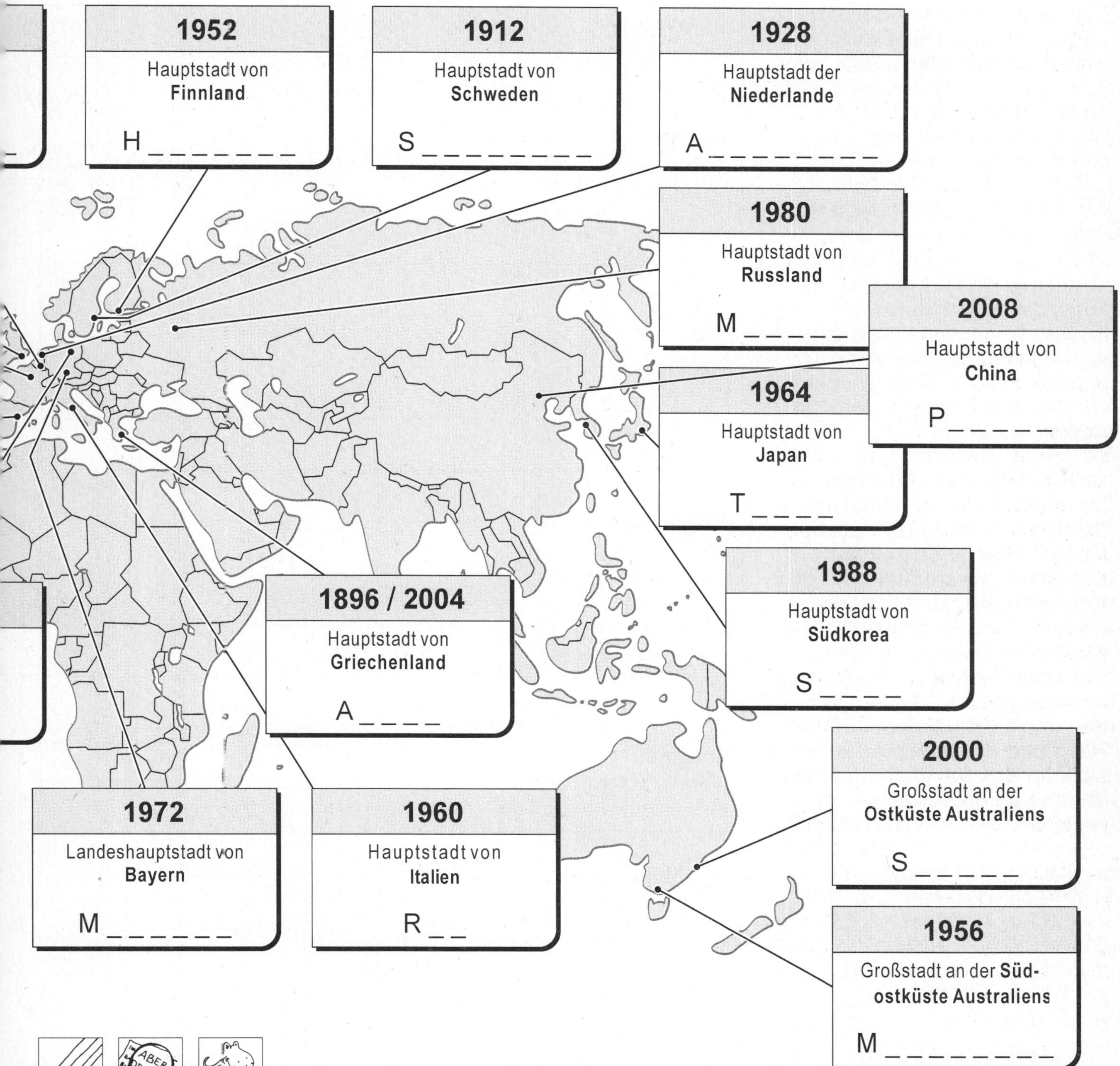

4. Welche Sportarten gehören heute zum Internationalen Fünfkampf?

Männer:

Frauen:

5. Trage die Namen der Städte, in denen die Spiele der Neuzeit stattfanden, in die Kästchen ein.

6. Auf welchen Kontinenten fanden die Spiele noch nie statt?

7. Überlege, warum in den Jahren 1916, 1940 und 1944 keine Olympischen Spiele stattfanden.

Aufgaben und Pflichten in Athen

Männer und Frauen hatten in der Gesellschaft Athens eine klare Aufgabenteilung. Auch die Erziehung war bei Jungen und Mädchen unterschiedlich. Die Sklavinnen und Sklaven wurden als „Ware“ betrachtet.

1. Ordne die Aufgaben und Tätigkeiten der folgenden Liste der Übersicht zu. Bleibe bei der Reihenfolge, denn wenn du die großen Buchstaben in den Klammern in die hintere Spalte schreibst, erhältst du als Lösungswort eine wichtige Einrichtung in der Polis Athen:

Gewänder weben (V) / **kochen lernen** (M) / **Gesetze beschließen** (V) / **ein Handwerk ausüben** (O) / **auf den landwirtschaftlichen Gütern arbeiten** (U) / **den Körper trainieren** (A) / **kochen** (E) / **in den Krieg ziehen** (L) / **die Kinder erziehen** (R) / **lernen, den Haushalt zu führen** (L) / **im Bergwerk arbeiten** (N) / **Lesen, Schreiben und Rechnen lernen** (M) / **Haus und Hof beschützen** (K) / **sich um den Haushalt kümmern** (S) / **Diener und Dienerin im Haushalt** (G) / **Handel treiben** (S)

Männer		
Frauen		
Jungen		
Mädchen		
Sklaven		

Α, α	Alpha	a
Β, β	Beta	b
Γ, γ	Gamma	g
Δ, δ	Delta	d
Ε, ε	Epsilon	e
Ζ, ζ	Zeta	z
Η, η	Eta	ae
Θ, θ	Theta	th
Ι, ι	Jota	i
Κ, κ	Kappa	k
Λ, λ	Lambda	l
Μ, μ	My	m
Ν, ν	Ny	n
Ξ, ξ	Xi	x
Ο, ο	Omikron	ŏ
Π, π	Pi	p
Ρ, ρ	Rho	r, rh
Σ, σ, ς	Sigma	s
Τ, τ	Tau	t
Υ, υ	Ypsilon	y, ü
Φ, φ	Phi	ph
Χ, χ	Chi	ch
Ψ, ψ	Psi	ps
Ω, ω	Omega	o

Das „Alpha-bet(a)“
Unsere Schrift, unsere Buchstaben, haben wir von den Römern übernommen. Die Griechen schrieben mit anderen Buchstaben und tun es noch heute.

2. „Übersetze“ die griechischen Buchstaben in lateinische Buchstaben, schreibe deinen und andere Namen mit lateinischen und griechischen Buchstaben.

griechische Schrift	lateinische Schrift
Mathematiker Πυθαγορας	
Philosoph Σοκρατης	

OKTOPUS Griechenland. Die Wiege der Demokratie, ISBN 3-623-20715-2

Das antike Griechenland – Ursprung unserer Kultur

Was haben die Wörter Kino, Orchester, Biologie, Mathematik, Geografie, Tachometer und Drama gemeinsam? Sie haben alle ihren Ursprung in der Sprache des antiken Griechenland. Die Griechen haben uns eine riesige Fülle an hervorragenden Gedanken und großartigen Kunstwerken und Baustilen hinterlassen. Die Völker Europas haben sich immer mit den Leistungen der Griechen im Altertum beschäftigt. Vieles wurde aus ihrer Kultur übernommen und weiterentwickelt. Unser Wort Alphabet setzt sich aus den ersten beiden Buchstaben der griechischen „Buchstabenliste" zusammen. Der Eid, den die Ärzte heute schwören, zum Wohle und Nutzen der Patienten zu handeln, ist der Hippokratische Eid, benannt nach dem griechischen Arzt Hippokrates. Das Brandenburger Tor in Berlin ist nach griechischem Vorbild gebaut. Viele Lehrsätze aus der Mathematik, mit denen du dich in der Schule herumplagen musst, stammen von griechischen Mathematikern (z. B. Satz des Pythagoras, Satz des Euklid). Endlos viele Beispiele lassen sich noch anführen. Man kann sagen, dass die europäische Kultur ihren Anfang im antiken Griechenland genommen hat.

1. Schlage die Bedeutung der folgenden Begriffe (eine kleine Auswahl), die ihren Ursprung in der griechischen Sprache haben, im Lexikon nach und ordne sie den unterschiedlichen Bereichen zu:
Drama, Ellipse, Tyrannei, Poesie, Pharmazie, Megafon, Monarchie, Rhetorik, Komödie, Kathete, Demokratie, Dialog, Tetraeder, Diktatur, Telegraf, Lyrik, Tragödie, Stethoskop, Monolog, Teleskop, Telefon, Orchester, Dialyse

2. Finde selbst noch Wörter griechischen Ursprungs und ordne sie zu.

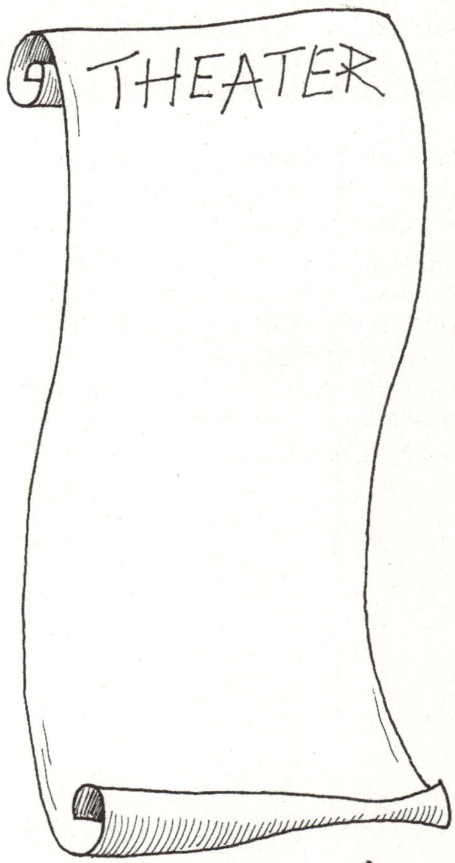

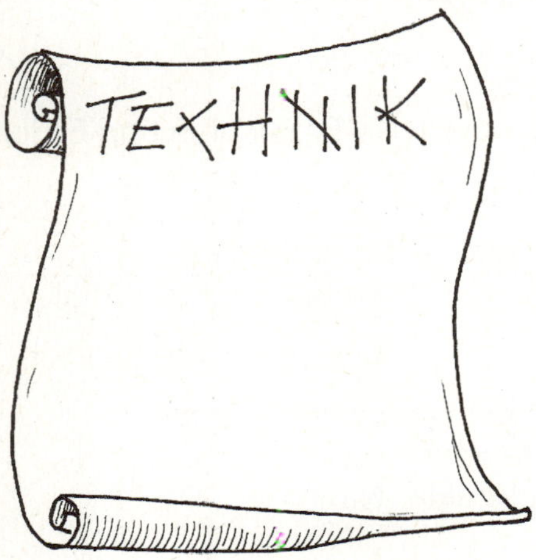

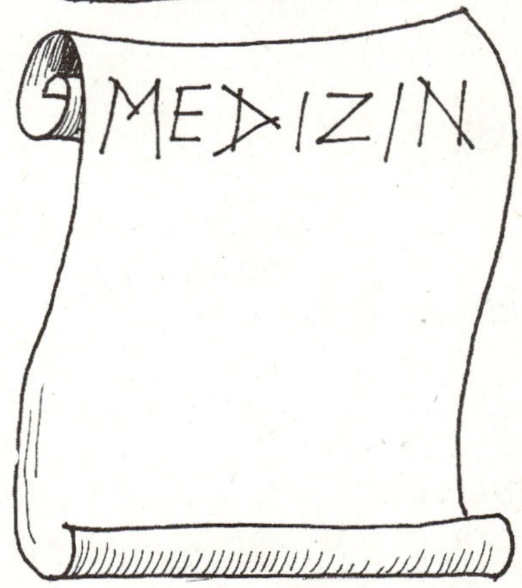

Das heutige Griechenland – ein Staat auf dem Weg

1. Zeichne die Fläche Griechenlands farbig ein.
2. Ergänze die Namen der Städte, Nachbarstaaten und Inseln.
3. Nimm ein Lexikon zu Hilfe und suche die fehlenden Informationen über Griechenland.
4. Male die Fahne des Oktopus farbig an.

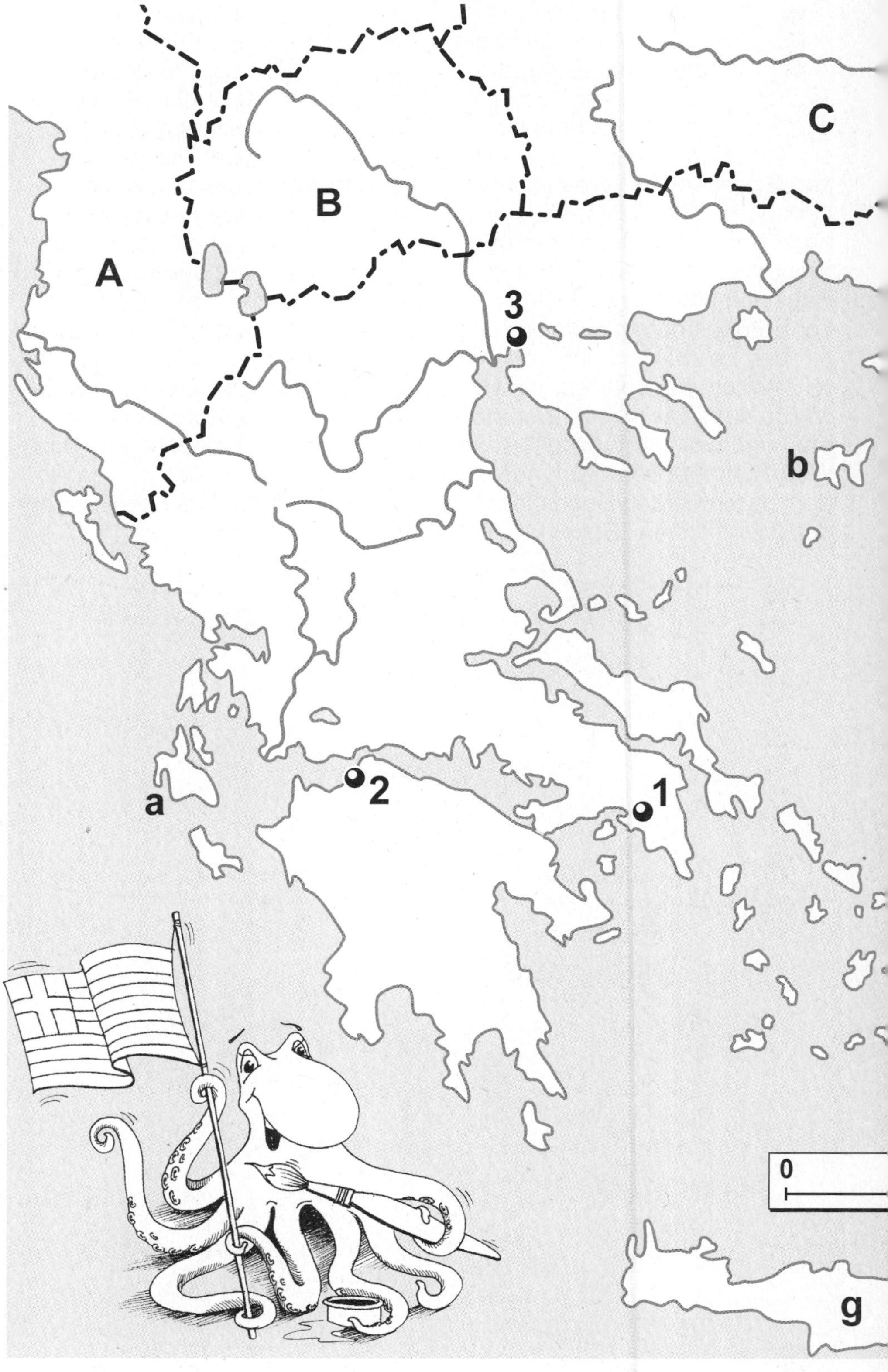

Städte:

1. ______________________

2. ______________________

3. ______________________

Nachbarstaaten:

A ______________________

B ______________________

C ______________________

D ______________________

Inseln:

a ______________________

b ______________________

c ______________________

d ______________________

e ______________________

f ______________________

g ______________________

Fläche:

______________________ km²

Einwohnerzahl:

____

Hauptstadt:

____

Landwirtschaft:
Landwirtschaft spielt in Griechenland eine bedeutende Rolle. 25 % der Erwerbstätigen arbeiten in der Landwirtschaft.

Energie:
Rund 90 % von Griechenlands Energie wird in Wärmekraftwerken durch die Verbrennung von Braunkohle, Steinkohle und Erdöl erzeugt.

Wichtige **Exportgüter:**
Obst, Gemüse, Olivenöl, Tabak, Textilien

Wichtige **Importgüter:**
Maschinen, Fahrzeuge, Erdölprodukte, Nahrungsmittel

OKTOPUS Griechenland. Die Wiege der Demokratie, ISBN 3-623-20715-2

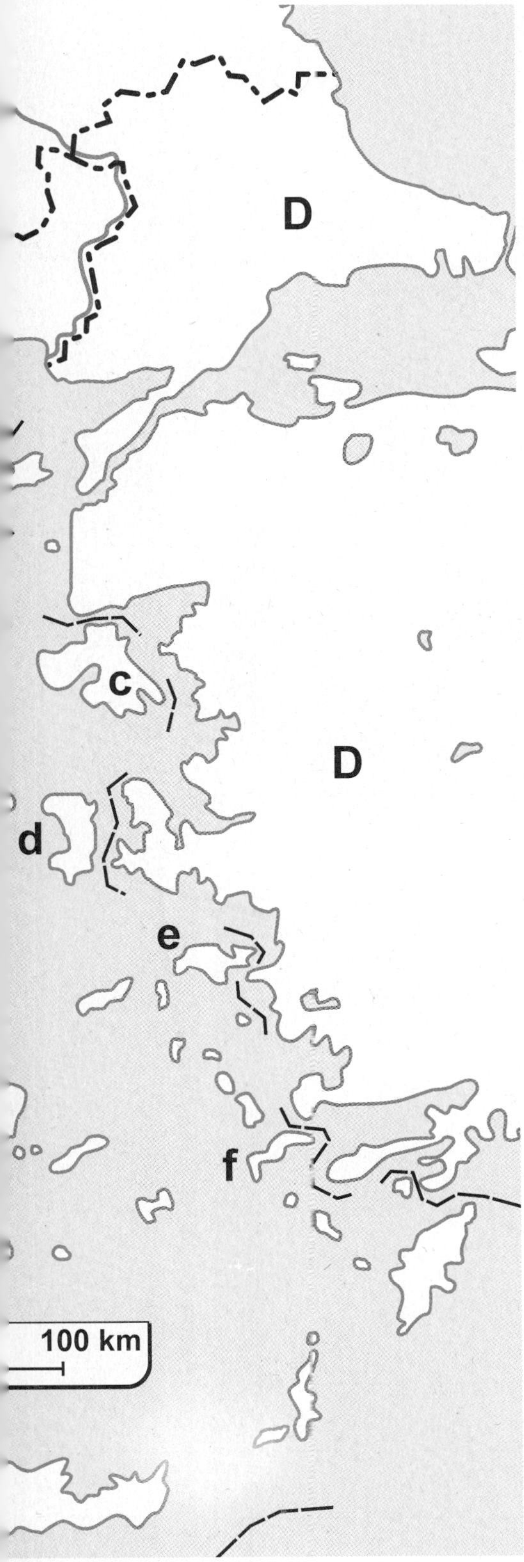

4. Wenn du das folgende Rätsel richtig löst, erhältst du als Lösungswort den Namen eines berühmten Mannes, der es schließlich schaffte, das Perserreich zu besiegen. Informiere dich über diesen Mann und stelle wichtige Stationen seines Lebens in Form eines Steckbriefes zusammen. (ä = ae / ü = ue)

1 Dritter Buchstabe im griechischen Alphabet
2 Die höher gelegene Festung in Athen
3 Berühmter Dichter, der die Odyssee und die Ilias geschrieben hat
4 Von den Spartanern „erfundene" Schlachtordnung, bei der die Soldaten in Reihen aufgestellt waren
5 Stadt, nach der ein Langlauf benannt ist
6 Herrschaft von Königen
7 Kontinent, auf dem noch nie Olympische Spiele stattfanden
8 Hauptstadt des heutigen Griechenland
9 Herrschaft des Adels
10 Sitz des Orakels
11 Deutscher Kaufmann, der bei Ausgrabungen das antike Troja fand
12 Hafenstadt von Athen
13 Versammlung aller Bürger, um über die Verbannung eines Mannes abzustimmen
14 Berühmter Staatsmann Athens
15 Berg, der als Sitz der Götter galt
16 Kriegerstaat in Griechenland
17 Griechischer Held, der nach der Schlacht um Troja lange herumirrte, bis er endlich wieder zu Hause war
18 Pass, an dem die Griechen vom Perserkönig Xerxes geschlagen wurden

Tourismus:
Griechenland hat als Reiseland eine Jahrhunderte alte Tradition. Jährlich kommen etwa 11 Millionen Auslandsgäste. Hauptziele sind die antiken Stätten und natürlich die vielen Inseln mit Badestränden und Sonnengarantie. Weil Griechenland mehr Produkte einführt als ausführt, sind die Einnahmen aus dem Tourismus ein wichtiger Ausgleich.

Heinrich Schliemann – der Entdecker von Troja

Im Jahre 1868 bestieg der deutsche Kaufmann Heinrich Schliemann in Genua ein Schiff, um nach Griechenland überzusetzen. Schon als kleiner Junge hatten ihn die Geschichten der griechischen Götter und Helden der Antike interessiert. Da er es als Kaufmann zu Reichtum gebracht hatte, hatte er es sich in den Kopf gesetzt, das sagenumwobene Troja zu finden. Er hatte Altgriechisch, die Sprache, in der der Dichter Homer die Taten der Helden in der „Ilias“ besungen hat, gelernt. Der Name Ilias ist abgeleitet von der Stadt Ilion, die auch Troja genannt wird. Schliemann wollte nicht glauben, dass der Dichter Homer den Raub der Königin Helena und die Geschehnisse um Troja erfunden hatte.

Zunächst reiste Schliemann auf die Insel Ithaka, der Heimat des Helden Odysseus und von dort weiter über den Helespont nach Troas. Das ist eine Landschaft in der heutigen Türkei. Schliemann benutzte die Ilias, die er in Altgriechisch lesen konnte, wie eine Schatzkarte. Dabei suchte er eine von Homer beschriebene Stelle, wo eine warme und eine kalte Quelle entspringen und die nicht weit vom Meer entfernt liegt. Das hatte Homer von der Lage Trojas beschrieben.
Als er die beiden Quellen gefunden hatte, begann er im Jahre 1870 mit 100 Arbeitskräften mit den Ausgrabungen. Schließlich fand er die Ruinen einer Stadt. Er fand Waffen, Schmuck, Kunstgegenstände und Dinge des täglichen Haushalts, die von Menschen mit einer hohen Kultur stammen mussten. Als er weiter grub, fand er unter dieser Stadt eine weitere und unter diese noch eine – und das in vielen Schichten. Die unterste Schicht war über 5 000 Jahre alt.
Die Menschen hatten jeweils nach der Zerstörung ihrer Stadt die neue auf den Trümmern der vorherigen aufgebaut.
Die Ausgrabungen dauerten bis 1873. Schliemann fand auch einen unglaublich wertvollen Schatz aus Gold, Silber, Edelsteinen und Elfenbein. Man vermutet, dass es sich um den „Schatz des Priamos“, des Königs von Troja handelt.
Heinrich Schliemann gilt als der Entdecker von Troja.

1. Wer war Heinrich Schliemann?

2. Wie hat sich Schliemann bei der „Schatzsuche“ orientiert?

OKTOPUS Griechenland. Die Wiege der Demokratie, ISBN 3-623-20715-2

Von Tantalus und Sisyphus

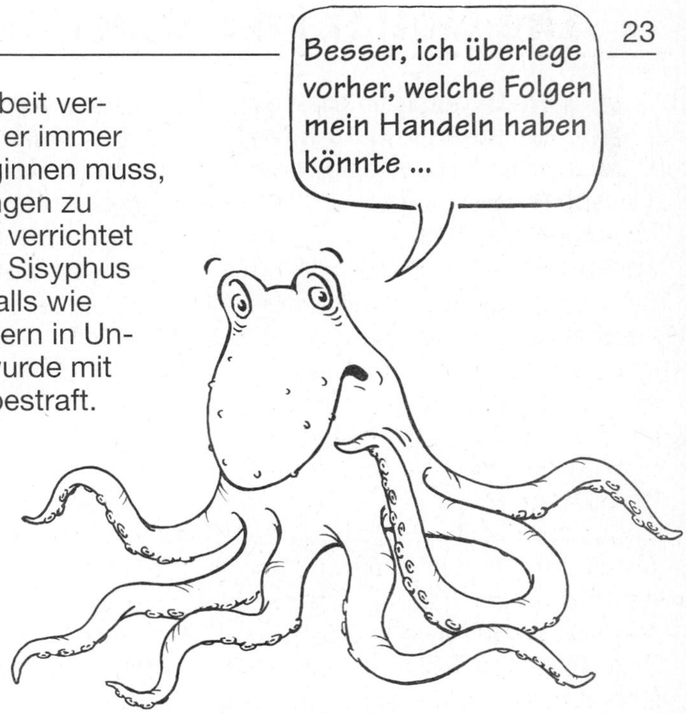

Es gibt heute bei uns noch Redensarten, die abgeleitet sind aus der Welt der griechischen Götter und Helden. Der griechische König Tantalus (Tantalos) musste in der Unterwelt große Qualen erleiden. So sagt man heute noch von einem Menschen, der viel Leid erdulden muss und starke Qualen leidet: Er leidet Tantalus-Qualen.

Wenn jemand eine Arbeit verrichten muss, bei der er immer wieder von vorne beginnen muss, ohne sie zu Ende bringen zu können, sagt man: Er verrichtet eine Sisyphus-Arbeit. Sisyphus (Sisyphos) war ebenfalls wie Tantalus bei den Göttern in Ungnade gefallen und wurde mit nie endender Arbeit bestraft.

Tantalus

Tantalus war ein griechischer König. Er hatte _ _ _ _ _ _ _ von der Tafel der Götter gestohlen und sie anderen Menschen zu essen gegeben. Das erzürnte die _ _ _ _ _ _ sehr. Doch dann wollte er die Götter auf die Probe stellen. Er tötete seinen _ _ _ _ uns setzte den Körper den Göttern als Speise vor. Wegen dieser _ _ _ _ _ _ _ _ _ _ wurde er von den Göttern zu ewiger Pein verdammt. Er musste in den _ _ _ _ _ und wurde dort in einem _ _ _ am Ufer angekettet. Über ihm hingen die _ _ _ _ _ _ eines Apfelbaumes. Wenn er sich bückte, um von dem _ _ _ _ _ _ zu trinken, floss es ab. Und wenn er den Arm ausstreckte, um die reifen _ _ _ _ _ _ _ in der Höhe zu pflücken, wichen die Zweige zurück. So litt er große Qualen durch _ _ _ _ _ _ und _ _ _ _ _ _.

1. Setze folgende Wörter an der richtigen Stelle in den Text ein:
See, Sohn, Früchte, Freveltat, Speisen, Hades, Wasser, Durst, Zweige, Götter, Hunger

Sisyphus

Sisyphus war auch ein _ _ _ _ _ in Griechenland. Er war der Sohn des _ _ _ _ _ _ _ _ _ _ _ Aiolos. Sisyphus wird von Homer als sehr _ _ _ _ _ _ und _ _ _ _ _ _ _ _ _ _ _ _ _ beschrieben. So schaffte er es, den Todesgott Thantatos zu überlisten. Das erzürnte den _ _ _ _ _ _ _ _ _ _ _ Zeus so sehr, dass er ihn in die _ _ _ _ _ _ _ _ _ _ verbannte und ihm eine schwere Strafe auferlegte:
Er musste einen großen _ _ _ _ _ einen Berg _ _ _ _ _ _ _ _ _ _ _ _ _. Und immer, wenn mit dem Stein oben angekommen war, glitt er ihm aus den _ _ _ _ _ _ und rollte wieder den Berg hinab. Damit war Sisyphus auf _ _ _ _ bestraft.

2. Setze folgende Wörter an der richtigen Stelle in den Text ein:
Händen, hinterhältig, Unterwelt, Stein, König, ewig, listig, Göttervater, Windgottes, hinaufrollen

Die Götter im antiken Griechenland

Nach dem Glauben der Griechen in der Antike war Kronos einer der „Urgötter“. Zeus, der von den Griechen als Vater ihrer Götter verehrt wurde, war ein Sohn des Kronos. Nachdem Zeus seinen Vater gestürzt hatte, teilte er das gesamte Universum mit seinen Brüdern Poseidon und Hades. Zeus selbst übernahm den Himmel und die Erde und regierte auf dem Olymp, einem Berg in Griechenland. Poseidon wurde Herrscher der Meere und Hades regierte in der Unterwelt, im Reich der Toten.

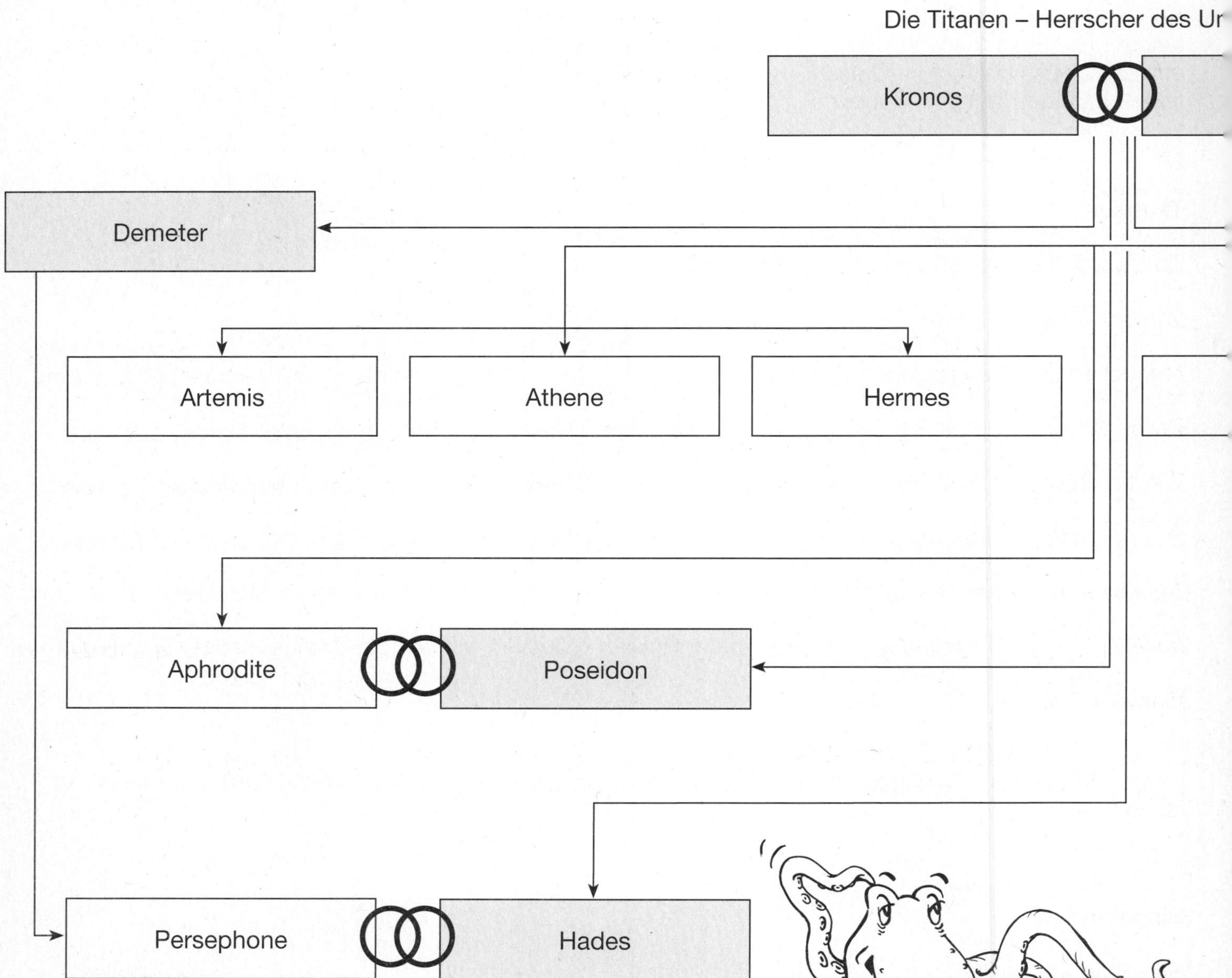

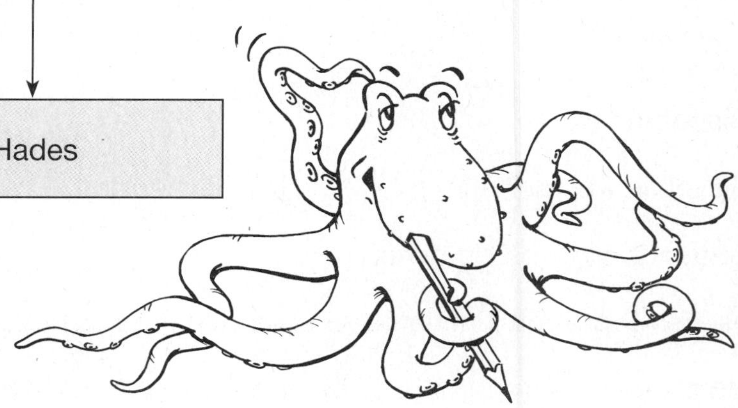

Die Unterwelt – das Reich des Gottes Hades

Während der Blütezeit Griechenlands machten sich die Griechen auch Gedanken über das Leben nach dem Tod. Der Dichter Homer hat uns davon überliefert: Nach der Vorstellung der Menschen in der Antike führte ein breites Tor in die Unterwelt, in das Reich des Hades, hinab. Am Eingang hielt ein dreiköpfiger Hund mit Namen „Zerberos“ Wache, damit keine Seele entweichen konnte. Ein Fährmann setzte die Seelen der Toten über einen Fluss mit Namen Styx, der das Totenreich umströmte. In der Unterwelt angekommen, sprach ein Totenrichter das Urteil. Die Seelen der rechtschaffenen Menschen gingen nach rechts, tranken aus einem silberklaren Strom und vergaßen ihr menschliches Leid. Diejenigen, die Unrecht getan hatten, kamen in einen Bereich des Hades, der von Feuer umgeben war. Dort mussten sie Qualen erleiden.

OKTOPUS Griechenland. Die Wiege der Demokratie, ISBN 3-623-20715-2

Die Götter waren untereinander oft zerstritten. Jeder Gott und jede Göttin waren für einen anderen Bereich zuständig und wachten sorgsam darüber, ihre Macht zu behalten. Das führte in vielen Fällen zu Streitigkeiten. Es war auch nicht ungewöhnlich, dass Geschwister oder Onkel und Nichten miteinander heirateten. Wie der Stammbaum der „Hauptgötter“ aussah, zeigt das Schaubild.

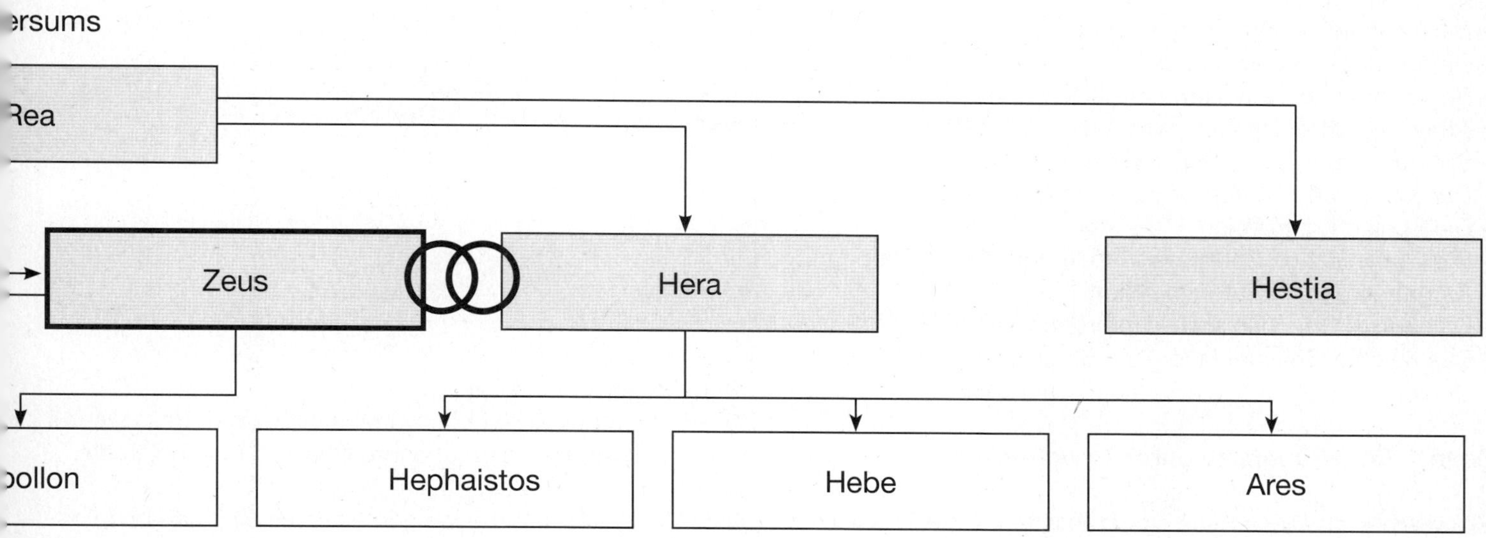

1. Trage die Namen der Göttinnen und Götter in die Liste ein. Du erfährst dabei, für welche Bereiche sie zuständig waren.

Gattin des Poseidon:

_ _ h _ _ _ _ _ _ – Göttin der Liebe und der Schönheit

Sohn des Zeus:

_ _ _ _ _ o _ – Gott des Lichtes, der Musik und des Gesanges

Tochter des Zeus:

_ _ t _ _ _ _ – Göttin der Jagd

Sohn der Hera:

_ r _ _ – Gott des Krieges

Tochter des Zeus:

_ _ _ _ n _ – Göttin der Weisheit

Tochter von Kronos:

_ _ _ _ t _ _ – Göttin des Ackerbaus

Sohn von Kronos:

_ _ d _ _ – Gott der Unterwelt

Tochter von Hera:

H _ _ _ – Göttin der ewigen Jugend

Sohn von Hera:

_ _ _ _ _ i _ _ _ _ – Gott des Feuers und der Schmiede

Gattin des Zeus:

_ _ _ a – Göttin der Familie

Sohn des Zeus:

_ _ r _ _ _ – Götterbote

Schwester des Zeus:

_ e _ _ _ _ – Göttin des Herdes und des Herdfeuers

Gattin von Hades:

_ _ _ _ _ p _ _ _ _ – Göttin der Unterwelt

Bruder des Zeus:

_ _ _ _ i _ _ _ – Gott des Meeres

Sohn von Kronos:

_ _ u _ – Göttervater, Gott des Himmels

OKTOPUS Griechenland. Die Wiege der Demokratie, ISBN 978-3-623-20715-5

Lösungen der Aufgaben

Der Unterrichtsbaustein „Griechenland – die Wiege der Demokratie“ behandelt die Zeit des antiken Griechenland. Dabei soll deutlich werden, dass viele Aspekte unseres heutigen Demokratieverständnisses aus der damaligen Zeit stammen.

Folgende Teilaspekte werden in diesem Unterrichtsbaustein behandelt:
- Die Geschichte Athens im Überblick
- Die Gründung von Kolonien
- Regierung und Verwaltung in Athen
- Athen – größter Handelsplatz a m Mittelmeer
- Sparta – der Kriegerstaat in Griechenland
- Der Kampf um die Vorherrschaft in Griechenland
- Die Schlacht um Troja
- Die Olympischen Spiele der Antike und der Neuzeit
- Aufgaben und Pflichten in Athen
- Das antike Griechenland – Ursprung unserer Kultur
- Das heutige Griechenland – ein Staat in der Europäischen Union

Seite 1 Eine Rundreise durch Griechenland

Schwerpunkt: Diese Seite ist als Einstieg in die Thematik gedacht. Erzählt wird von einem griechischen Jungen, der seinen Großvater in Griechenland besucht und mit ihm eine Rundreise durch die antiken Stätten macht.

Didaktische Intention: Über diesen Einstieg sollen die Schülerinnen und Schüler an die Thematik herangeführt werden, die räumliche Verteilung erkennen und erste topografische Erfahrungen mit Griechenland machen.

Lösungen
Zu 1. Delphi – Sitz des Orakels, das von den Griechen um Rat gefragt wurde. Olympia – Stadt, in der die griechischen Städte im Wettkampf gegeneinander antraten. Sparta – Stadtstaat im damaligen Griechenland, der als Kriegerstaat bekannt war. Olymp – Die Griechen glaubten, dass dieser Berg der Sitz ihrer Götter sei. Marathon – Nach diesem Ort, an dem eine berühmte Schlacht stattfand, ist ein Langlauf benannt. Athen – Damaliges und heutiges Zentrum in Griechenland. Piräus – Hafenstadt von Athen

Seite 2/3 Die Geschichte Athens im Überblick

Schwerpunkt: Auf dieser Doppelseite geht es darum, einen Überblick über die geschichtliche Entwicklung des Stadtstaates von 2000 v. Chr. bis zur Eroberung durch die Römer zu geben, die Klassengesellschaft in Athen zu erläutern und das antike Griechenland als Bund selbstständiger Staaten vorzustellen.

Didaktische Intention: Es wird die Entwicklung von der Herrschaft der Könige bis hin zur Herrschaft des Volkes gezeigt. Dabei soll deutlich werden, dass sich die Gesellschaft in Athen in vier Klassen gliedern lässt und nicht alle gleich sind. Das antike Griechenland war mit seinen vielen Stadtstaaten kein zusammenhängender Staat.

Lösungen
Zu 1.

Die vier Klassen in Athen
Großkaufleute Großgrundbesitzer
Handwerker Kaufleute
mittlere Bauern kleine Handwerker
verarmte Bauern Lohnarbeiter

Zu 2. Monarchie, Aristokratie, Oligarchie, Demokratie
Zu 3. Politesse, Poliklinik
Zu 4. Die Bürger einer Polis waren stolz darauf, dass sie frei und selbstständig waren und ihre Geschicke selbst in die Hand nehmen konnten.
Zu 5. Alle Poleis hatten eine gemeinsame Sprache und verehrten die gleichen Götter.
Zu 6. In unserer heutigen Demokratie haben die Frauen das Wahlrecht, es gibt keine Einteilung in Klassen, alle Bürger sind freie Bürger, ...

Seite 4/5 Fahrt ins Ungewisse – die Gründung von Kolonien

Schwerpunkt: Auf dieser Doppelseite wird aufgezeigt, wie sich die Poleis im Mittelmeerraum ausbreiteten und Tochterstädte gründeten. Exemplarisch wird eine solche Expansionsreise vorgestellt.

Didaktische Intention: Dabei soll der Zweck der Expansion erkannt werden – die politische und wirtschaftliche Stärke auszubauen. Weiterhin können die Schülerinnen und Schüler ihre Topografiekenntnisse zum Mittelmeerraum wiederholen oder ergänzen.

Lösungen:
Zu 1. Mittelmeer (Europa): Italien, Frankreich, Spanien, Zypern; Mittelmeer (Afrika und Asien): Libyen, Türkei; Schwarzes Meer: Bulgarien, Rumänien, Ukraine, Russland
Zu 2. Die damalige Tochterstadt hieß Neapolis, das heutige Neapel.
Zu 3.

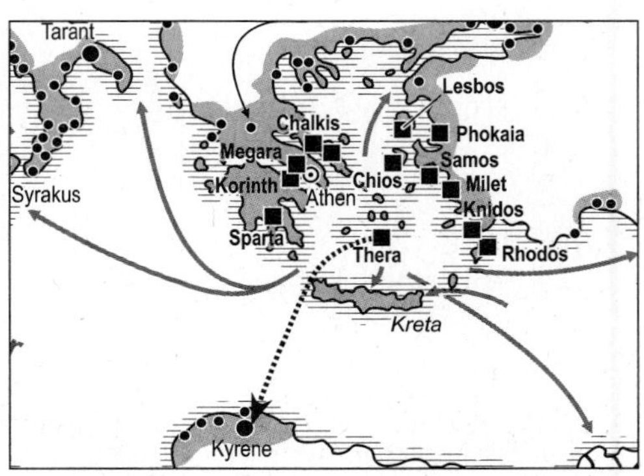

Zu 4. Die Mutterstädte wurden zu klein für die wachsende Bevölkerung. Die Nahrung reichte nicht mehr aus.
Zu 5. Bei der Besiedlung eines neuen Gebietes musste die Versorgung mit Wasser und Nahrungsmitteln langfristig gesichert sein. Es konnte zu Auseinandersetzung mit den dort lebenden Menschen kommen.

Seite 6/7 Regierung und Verwaltung in Athen

Schwerpunkt: Hier geht es um die Blütezeit in Athen und es werden die Gremien aufgezeigt, die im Staatsaufbau eine Funktion hatten.

Didaktische Intention: Die Schülerinnen und Schüler sollen lernen, welche Funktion folgende Gremien hatten: Volksversammlung, Volksgericht, Scherbengericht, Rat der 500.

Lösungen
Zu 1.

Scherbengericht
Dieses Gericht sollte verhindern, dass sich jemand gegen den Willen des Volkes an die Spitze der Polis setzte und zum Tyrannen wurde.

Zu 2. Zur Volksversammlung gehörten alle freien Bürger der Polis Athen, die über 20 Jahre alt waren und deren Eltern beide in Athen geboren waren.
Zu 3. Man wollte sicherstellen, dass nicht nur wenige Bürger über das Schicksal der Stadt entscheiden würden.
Zu 4. Demokratisch war,
- dass alle freien Bürger mitentscheiden konnten,
- dass die Personen der einzelnen Gremien aus dem Volk gewählt wurden,
- dass auch die Rechtsprechung beim Volk lag.

Undemokratisch war, dass die Frauen kein Stimmrecht hatten.
Zu 5. Unsere Demokratie wird als indirekte Demokratie bezeichnet, weil wir bei den Wahlen politische Vertreter wählen, die dann für uns die Entscheidungen treffen, Gesetze erlassen, usw.
Zu 6. Das Scherbengericht sollte verhindern, dass sich jemand gegen den Willen des Volkes an die Spitze der Polis setzte und zum Tyrannen wurde.
Zu 7. Auch beim Scherbengericht sollte verhindert werden, dass eine Minderheit der Polis einen unliebsamen Mitbürger ausweisen konnte.
Zu 8. Der Rat der 500 war die Regierung von Athen.
Zu 9. Die Tatsache, dass Bürger an der Rechtsprechung teilnahmen, hatte den Vorteil, dass die Meinung des Volkes zum Tragen kam und durch den ständigen Wechsel der Richter Absprachen erschwert wurden. Der Nachteil war, dass Laienrichter eher Fehler machen konnten.

Seite 8/9 Athen – größter Handelsplatz im Mittelmeer

Schwerpunkt: Die Polis Athen war natürlich auch ein wichtiger Handelsplatz im Mittelmeer. Woher kamen die Waren, die in die große Stadt mit den vielen Bewohnern eingeführt wurden? Dabei spielte der ganze Mittelmeerraum eine Rolle.

Didaktische Intention: Die Schülerinnen und Schüler erfahren, welche Produkte eingeführt wurden und woher sie kamen. An dem großen Angebot an Waren lässt sich ablesen, dass die Polis Athen sehr wohlhabend gewesen sein muss.

Lösungen
Zu 1. Die Zollbeamten mussten zwei Prozent Zoll auf alle Waren, die in Piräus ausgeladen wurden, einziehen. Das war eine wichtige Einnahmequelle für die Stadt Athen.
Zu 2. Die Ladungen auf den Schiffen waren häufig sehr wertvoll und es gab schon damals Piraten, die Schiffe kapern und die Ladung als Beute mitnehmen wollten.
Zu 3. Die für damalige Verhältnisse riesige Zahl an Menschen konnte nur über Einfuhren von Lebensmitteln ernährt werden. Das Umland der Stadt reichte dafür nicht aus.
Zu 4. Holz wurde zum Bauen und als Brennmaterial genutzt.
Zu 5. Kyrene – Libyen, Karthago – Tunesien, Massilia – Frankreich, Neapolis – Italien, Syrakus – Italien (Sizilien), Odessos – Ukraine, Byzanz – Türkei, Sinope – Türkei, Al Mina – Türkei, Olbia – Ukraine, Alexandria – Ägypten

Zu 6.

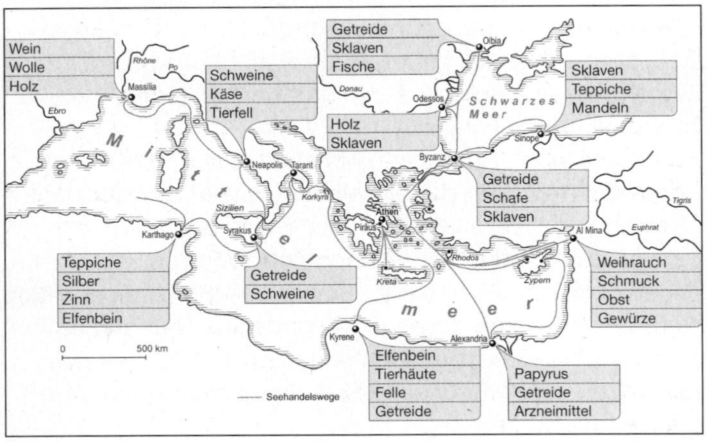

Seite 10/11 Sparta – der Kriegerstaat in Griechenland

Schwerpunkt: Neben der Polis Athen soll hier auf dieser Doppelseite der Kriegerstaat Sparta vorgestellt werden. Die Menschen dort lebten viel einfacher und führten ein karges Leben. Daher kommt die Redensart: „spartanisch leben". Die Männer waren alle Soldaten und der Staat griff sehr stark in das Familienleben ein.

Didaktische Intention: Die Schülerinnen und Schüler sollen lernen, dass im antiken Griechenland nicht alle Poleis gleich waren.

Lösungen
Zu 1. Lösungswort: Gehorsam
Zu 2. In Sparta waren alle Männer ausschließlich Soldaten. Die Menschen lebten in großer Einfachheit. Die Jungen wurden ab dem 7. Lebensjahr vom Staat erzogen auf den Militärdienst vorbereitet. Die Spartaner waren die „Erfinder" der Phalanx, einer Schlachtordnung, bei der die Soldaten in Reihen aufgestellt waren.
Zu 3. So konnte der Staat die Kinder in seinem Sinne erziehen und auf die Aufgaben des Lebens vorbereiten.
Zu 4. Unter spartanischer Lebensweise versteht man ein sehr einfaches und karges Leben.
Zu 5. Die Spartaner gingen niemals ohne Waffen aus dem Haus, damit sie die Sklaven von einem Aufstand abhalten konnten.
Zu 6. Die spartanischen Soldaten waren so erzogen, dass es bei einem Kampf nur den Sieg oder den eigenen Tod gab.

Seite 12/13 Wer hat die Vorherrschaft in Griechenland

Schwerpunkt: Viele berühmte Schlachten wurden im antiken Griechenland geführt. In vielen Kriegen standen sich die Poleis gegenüber.

Didaktische Intention: Die Schülerinnen und Schüler sollen erkennen, dass sie sich auch verbündeten, um sich gemeinsam gegen die Übergriffe der Perser zu verteidigen. Der Begriff „Hegemonie", auch heute noch im Gebrauch, wird eingeführt.

Lösungen
Zu 1. Wenn ein Land die Herrschaft über ein anderes Land anstrebt bzw. erreicht, nennt man das Hegemonie.
Zu 2. Der Marathonlauf geht über eine Strecke von 42,2 Kilometern.
Zu 3. Da im Attischen Seebund mehrere Städte einen Vertrag miteinander geschlossen hatten, waren sie stark genug, sich gegen die Perser zu wehren.
Zu 4. Im Peleponnesischen Krieg standen sich die Poleis Athen und Sparta gegenüber.
Zu 5. Die Spartaner verbündeten sich mit den Persern.
Zu 6. bis 9.

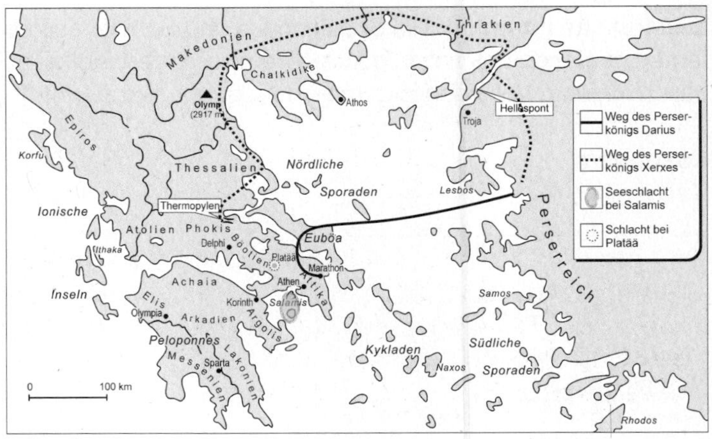

Seite 14/15 Die Schlacht um Troja

Schwerpunkt: Wenn über das antike Griechenland gesprochen wird, muss auch die Schlacht um Troja und der Dichter Homer erwähnt werden. Diese von Homer „sagenhaften" Geschichten drücken viel aus über die Gedankenwelt der Antike, die geprägt war von Helden und Göttern.

Didaktische Intention: Den Schülerinnen und Schülern soll auf dieser Doppelseite ein Eindruck von der mystischen antiken Welt vermittelt und der Bezug zur historischen Wahrheit angedeutet werden.

Lösungen
Zu 1. Der Weg der Flotte ist auf der Karte eingezeichnet.

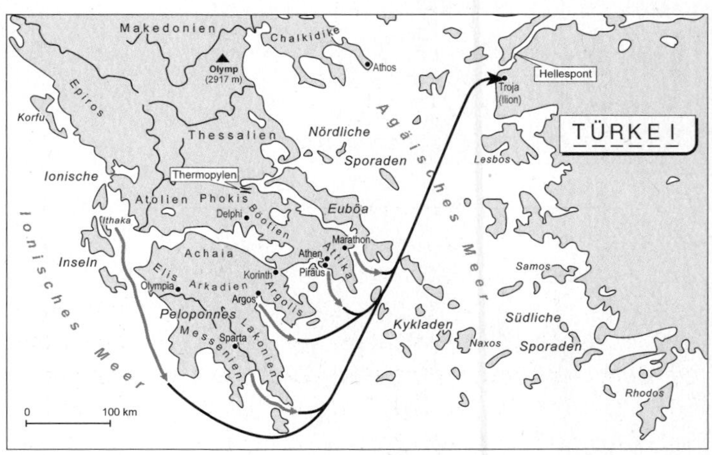

Zu 2. Das antike Troja liegt in der heutigen Türkei.
Zu 3. Epen sind Erzählungen, die meist in Versform

geschrieben sind. Mythen sind Sagen aus früherer Zeit.
Zu 4. Helena, die Frau des Königs Menelaos aus Sparta, wurde nach Troja entführt. Bei der Schlacht um Troja ging es um die Befreiung Helenas und um die Bestrafung der Trojaner.
Zu 5. Die Belagerer bauten ein großes Pferd aus Holz, versteckten ihre tapfersten Krieger darin, zogen sich scheinbar zurück und warteten, bis die Trojaner das Pferd in ihre Stadt geholt hatten. Im Schutze der Dunkelheit kletterten die Krieger aus dem Pferd, überwältigten die Wachen und öffneten die Stadttore.
Zu 6. Bei der Siegfried-Sage geht es kurz gefasst um Folgendes:
Der Held Siegfried tötet den Drachen, badet in seinem Blut und wird dadurch unverwundbar. Nur eine kleine Stelle auf dem Rücken, das von einem Blatt bedeckt war, bleibt frei. Durch Intrigen am Hof des Königs Gunther wird Siegfried ermordet. Seine Frau Kriemhild sinnt auf Rache und gibt keine Ruhe, bis die Mörder ihres Mannes ebenfalls ermordet werden.
Zu 7. Nach der Schlacht um Troja irrt der Held Odysseus mit seinen Männern noch 10 Jahre über die Meere und wird von den Göttern in vielen Abenteuern auf die Probe gestellt. Eines der bekanntesten Abenteuer muss er mit dem einäugigen Riesen Polyphem bestehen.

Seite 16/17 Die Olympischen Spiele der Antike und der Neuzeit

Schwerpunkt: Die große Bedeutung der Olympischen Spiele in der Antike sowie in der Neuzeit wird verdeutlicht, Details über Durchführungsorte und -arten werden betrachtet.

Didaktische Intention: Die Schülerinnen und Schüler sollen lernen, wie die Spiele der Antike aussahen und wie sie sich bis heute entwickelt haben. An der Weltkarte mit den Austragungsorten der Spiele der Neuzeit kann Topografie geübt und vertieft werden.

Lösungen
Zu 1. Die Olympischen Spiele waren ursprünglich kultische Spiele. Dabei wurde besonders der Göttervater Zeus verehrt.
Zu 2. Die Spiele wurden von einem christlichen Kaiser verboten, weil während der Spiele die alten Götter (Götzen) verehrt wurden. Und das duldete der christliche Glaube nicht.
Zu 3. Während der Spiele in der Antike wurden die Kriege unterbrochen. Es ging nur um die Ehre. Nur der Sieger gelang zu Ruhm, alle weiteren fanden keine Beachtung.
Noch ähnlich wie damals gilt auch heute: Durchführung alle vier Jahre. Nur Amateure dürfen an den Start (wobei die Definition für den Amateur heute eine andere ist und weiter aufgeweicht wurde). Verstöße werden geahndet. Sportler und Schiedsrichter geloben Fairness bzw. Unparteilichkeit.
Zu 4. Männer und Frauen gleich: Degenfechten, Schwimmen, Springreiten, 4000m-Geländelauf
Zu 5. Die Reihenfolge beginnt links oben und geht im Uhrzeigersinn herum:
Frankreich – Paris, Großbritannien – London, Belgien – Antwerpen, Finnland – Helsinki, Schweden – Stockholm, Niederlande – Amsterdam, Russland – Moskau, China – Peking, Japan – Tokyo, Südkorea – Seoul, Ostküste Australiens – Sydney, Südostküste Australiens – Melbourne, Italien – Rom, Griechenland – Athen, Bayern – München, Deutschland – Berlin, spanische Mittelmeerküste – Barcelona, USA – Atlanta, Stadt am Zusammenfluss von Mississippi und Missouri – St. Louis, Mexiko – Mexiko, Westküste der USA – Los Angeles, Südosten Kanadas – Montreal
Zu 6. In Südamerika und Afrika fanden noch nie Olympische Spiele statt.
Zu 7. 1916: 1. Weltkrieg; 1940 und 1944: 2. Weltkrieg.

Seite 18 Aufgaben und Pflichten in Athen

Schwerpunkt: Auf dieser Seite geht es darum, welche Aufgaben und Pflichten den Mitgliedern einer Familie im täglichen Leben und im Haushalt zukamen.

Didaktische Intention: Die Schüler und Schülerinnen sollen erkennen, dass die Verteilung ähnlich ist, wie sie bei uns auch noch bis vor einigen Jahrzehnten üblich war. Die Frau war für Belange im Haushalt zuständig, der Mann kümmerte sich um die Geschäfte und die Politik. Auch die Kinder wurden im alten Rollenverständnis erzogen.

Lösungen
Zu 1. Männer: Gesetze beschließen; ein Handwerk ausüben; in den Krieg ziehen; Haus und Hof beschützen; Handel treiben
Frauen: Gewänder weben; kochen; die Kinder erziehen; sich um den Haushalt kümmern
Jungen: den Körper trainieren; Lesen, Schreiben und Rechnen lernen
Mädchen: Kochen lernen; lernen, den Haushalt zu führen
Sklaven: auf den landwirtschaftlichen Gütern arbeiten; im Bergwerk arbeiten; Diener und Dienerin im Haushalt
Lösungswort: Volksversammlung
Zu 2.

griechische Schrift	lateinische Schrift
Mathematiker Πυθαγορας	Pythagoras
Philosoph Σοκρατης	Sokrates
Πετερ	Peter
Αννα	Anna

Seite 19 Das antike Griechenland – Ursprung unserer Kultur

Schwerpunkt: Der Ursprung unserer Kultur liegt im antiken Griechenland. Das zeigt sich in vielen Bereichen unseres

Lebens: in der Politik, der Sprache, im Theater, in der Technik, der Mathematik und der Medizin.

Didaktische Intention: Den Schülerinnen und Schülern soll auf dieser Seite deutlich werden, wie eng unsere Kultur mit der des antiken Griechenlands vergleichbar ist und bei welchen Lebensbereichen das besonders zu beobachten ist.

Lösungen
Zu 1. Politik: Tyrannei, Monarchie, Demokratie, Diktatur
Sprache: Poesie, Rhetorik, Dialog, Lyrik, Monolog
Theater: Drama, Komödie, Tragödie, Orchester
Technik: Megafon, Telegraf, Teleskop, Telefon
Mathematik: Ellipse, Kathete, Tetraeder,
Medizin: Pharmazie, Stethoskop, Dialyse
Zu 2. Weltraum: Meteor, Galaxie

Seite 20/21 Das heutige Griechenland – ein Staat auf dem Weg nach Europa

Schwerpunkt: Auf dieser Doppelseite wird der Brückenschlag zum heutigen Griechenland, einem Mitglied der Europäischen Union, geleistet.

Didaktische Intention: Die Schülerinnen und Schüler sollen sich topografisch mit diesem Land beschäftigen und Informationen über die heutige Wirtschaft erhalten. In spielerischer Form wird auf Seite 21 das erworbene Wissen in einem Kreuzworträtsel überprüft und gefestigt.

Lösungen
Zu 1.

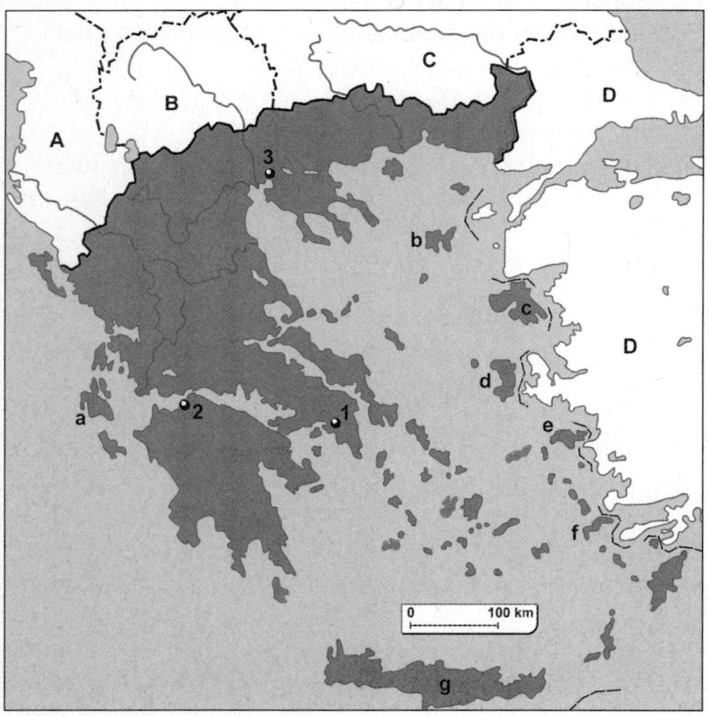

Zu 2. und 3.
Städte: 1. Athen; 2. Patras; 3. Saloniki
Nachbarstaaten: A Albanien; B Makedonien; C Bulgarien; D Türkei
Inseln: a Korfu; b Limnos; c Lesbos; d Chios; e Samos; f Kos; g Kreta
Fläche: 131 957 km²
Einwohnerzahl: 10 560 000
Hauptstadt: Athen
Zu 4.

1								G	A	M	M	A					
2			A	K	R	O	P	O	L	I	S						
3						H	O	M	E	R							
4			P	H	A	L	A	N	X								
5						M	A	R	A	T	H	O	N				
6							M	O	N	A	R	C	H	I	E		
7						S	U	E	D	A	M	E	R	I	K	A	
8						A	T	H	E	N							
9		A	R	I	S	T	O	K	R	A	T	I	E				
10									D	E	L	P	H	I			
11				S	C	H	L	I	E	M	A	N	N				
12							P	I	R	A	E	U	S				
13	S	C	H	E	R	B	E	N	G	E	R	I	C	H	T		
14							P	E	R	I	K	L	E	S			
15									O	L	Y	M	P				
16									S	P	A	R	T	A			
17					O	D	Y	S	S	E	U	S					
18							T	H	E	R	M	O	P	Y	L	E	N

Lösungswort: ALEXANDER DER GROSSE
Informationen zum Steckbrief:
Alexander der Große lebte von 356–323 v. Chr. Er war König von Makedonien und brachte die Stadtstaaten Griechenlands unter seine Herrschaft. Unter seiner Führung wurde ein riesiges Heer zusammengestellt, das weit bis nach Asien hinein die Völker (auch die Perser) besiegte und unterwarf.

Seite 22 Heinrich Schliemann – der Entdecker von Troja

Schwerpunkt: Auf dieser Seite geht es darum, etwas über den Mann zu erfahren, der Troja entdeckt hat und wie er es entdeckt hat.

Didaktische Intention: Die Schülerinnen und Schüler sollen erfahren, wie Troja entdeckt wurde und dass die Stadt im Laufe ihrer Geschichte mehrmals zerstört worden ist und jeweils auf den Trümmern wieder aufgebaut wurde.

Lösungen
zu 1. Heinrich Schliemann wurde 1868 geboren. Er war ein deutscher Kaufmann. Schon in seiner Jugend hat er sich für die Götter und Helden der Antike interessiert.

zu 2. Schliemann hat die Ilias von Homer gelesen und dort erfahren, dass es in der Nähe von Troja zwei nebeneinander liegende Quellen gab, eine war heiß, die andere kalt. Außerdem musste die Stadt nicht weit vom Meer entfernt liegen.

Seite 23 Von Tantalus und Sisyphus

Schwerpunkt: Zwei bekannte Helden der Antike werden auf dieser Seite vorgestellt, deren Namen noch heute in deutschen Redensarten vorkommen.

Didaktische Intention: Die Schülerinnen und Schüler sollen lernen, wer die beiden Männer waren, warum sie von den Göttern bestraft wurden und welche Strafen sie erleiden mussten.

Lösungen

Zu 1.

Tantalus war ein griechischer König. Er hatte **Speisen** von der Tafel der Götter gestohlen und sie anderen Menschen zu essen gegeben. Das erzürnte die **Götter** sehr. Doch dann wollte er die Götter auf die Probe stellen. Er tötete seinen **Sohn** uns setzte den Körper den Göttern als Speise vor. Wegen dieser **Freveltat** wurde er von den Göttern zu ewiger Pein verdammt. Er musste in den **Hades** und wurde dort in einem **See** am Ufer angekettet. Über ihm hingen die **Zweige** eines Apfelbaumes. Wenn er sich bückte, um von dem **Wasser** zu trinken, floss es ab. Und wenn er den Arm ausstreckte, um die reifen **Früchte** in der Höhe zu pflücken, wichen die Zweige zurück. So litt er große Qualen durch **Hunger** und **Durst**.

Zu 2.

Sisyphus war auch ein **König** in Griechenland. Er war der Sohn des **Windgottes** Aiolos. Sisyphus wird von Homer als sehr **listig** und **hinterhältig** beschrieben. So schaffte er es, den Todesgott Thantatos zu überlisten. Das erzürnte den **Göttervater** Zeus so sehr, dass er ihn in die **Unterwelt** verbannte und ihm eine schwere Strafe auferlegte: Er musste einen großen **Stein** einen Berg **hinaufrollen**. Und immer, wenn mit dem Stein oben angekommen war, glitt er ihm aus den **Händen** und rollte wieder den Berg hinab. Damit war Sisyphus auf **ewig** bestraft.

Seite 24/25 Die Götter im antiken Griechenland

Schwerpunkt: Das antike Griechenland ist nicht ohne den Götterglauben zu verstehen. Auf dieser Doppelseite werden die Hauptgötter im Stammbaum dargestellt.

Didaktische Intention: Aus der großen Anzahl der griechischen Gottheiten werden hier die Hauptgötter vorgestellt, in welcher Beziehung sie zueinander standen und für welche „Bereiche“ sie zuständig waren.

Lösungen:

Zu .1

Aphrodite – Göttin der Liebe und der Schönheit
Apollon – Gott des Lichtes, der Musik und des Gesanges
Artemis – Göttin der Jagd
Ares – Gott des Krieges
Athene – Göttin der Weisheit
Demeter – Göttin des Ackerbaus
Hades – Gott der Unterwelt
Hebe – Göttin der ewigen Jugend
Hephaistos – Gott des Feuers und der Schmiede
Hera – Göttin der Familie
Hermes – Götterbote
Hestia – Göttin des Herdes und des Herdfeuers
Persephone – Göttin der Unterwelt
Poseidon – Gott des Meeres
Zeus – Göttervater, Gott des Himmels

Poster

Fasse in einem kurzen Bericht zusammen, was in der Abbildung dargestellt ist. Male das Poster farbig aus.

OKTOPUS Griechenland. Die Wiege der Demokratie, ISBN 3-623-20715-2